„Mein Kampf" endlich politisch korrekt:
Grüne präsentieren gegenderte
Neuauflage
*Die besten Tagespresse-Meldungen
3. Band*

DiE**TAGESPRESSE**

„Mein Kampf" endlich politisch korrekt: Grüne präsentieren gegenderte Neuauflage

Die besten Tagespresse-Meldungen

3.
Band

Residenz Verlag

Hinweis

DiE **TAGESPRESSE** ist ein österreichisches Satiremagazin. Ausnahmslos alle Artikel sind frei erfunden. Im Regelfall werden nur Personen, die in der Öffentlichkeit stehen, beim Namen genannt. Alle anderen Namen sind frei erfunden. Eventuelle Namensgleichheiten mit Privatpersonen sind rein zufällig.

Bibliografische Information der Deutschen Nationalbibliothek
Die Deutsche Nationalbibliothek verzeichnet diese Publikation in der Deutschen Nationalbibliografie; detaillierte bibliografische Daten sind im Internet über http://dnb.dnb.de abrufbar.

www.residenzverlag.at

Umschlaggestaltung und grafische Gestaltung/Satz: BoutiqueBrutal.com
Umschlagbilder: Georges Schneider/APA/picturedesk.com, Montage, Kirsty Wigglesworth/APA/picturedesk.com
Schrift: Utopia
Lektorat: Stephan Gruber, feintext.eu
Gesamtherstellung: Grasl FairPrint, 2540 Bad Vöslau, www.grasl.eu

ISBN 978 3 7017 3401 6

Liebe Leserin, lieber Leser!

Die Medienbranche durchlebt stürmische Zeiten. Die Digitalisierung zwingt einen Großverlag nach dem anderen in die Knie und bedroht damit den seriösen Journalismus. Doch der **TAGES-PRESSE** gelang es bisher, den technologischen Wandel zu meistern, ohne bei der Qualität Abstriche machen zu müssen. Auch 2016 lieferten unsere Mitarbeiter ausgezeichnete Arbeit und legten mit zahlreichen Exklusivmeldungen die Latte für Qualitätsjournalismus immer höher.

Mit diesem Buch halten Sie das bemerkenswerte Zeugnis dieser Arbeit in Händen. In liebevoller Computerarbeit haben unsere unterbezahltesten Praktikanten die relevantesten Artikel dieses Jahres herausgesucht und mit erhellenden Kommentaren unserer Leserinnen und Leser ergänzt.

Wir dürfen mit Ihnen zurückblicken auf ein bewegtes Jahr, in dem sich Österreich von der sogenannten Flüchtlingswelle wieder aufgerappelt hat, um die neu gewonnene Energie damit zu verbringen, Wahlen zu wiederholen. Ein Jahr, in dem ein verrückter orangefarbener Psychopath fast ins Weiße Haus eingedrungen ist und erst in letzter Sekunde gestoppt werden konnte. Ein Jahr voller Sportevents, Konflikte und anderer Ereignisse, die für den weiteren Lauf der Menschheit völlig irrelevant sind, aber für großartige Headlines bei Medienhäusern wie unserem gesorgt haben, wofür wir sehr dankbar sind.

Niemand kann sagen, was die Zukunft des Journalismus bringen wird. Doch wir können eines versprechen: dass wir im Sturm der Geschehnisse eisern an unseren drei Grundprinzipien – Seriosität, Ehrlichkeit und Qualität – festhalten werden. Auf dass Sie auch im nächsten Jahr hoffentlich wieder eines dieser Bücher kaufen können. Vielleicht auch zwei.

Die Redaktion

24.12.2015

Weihnachten gerettet: Strache zerstört „islamische Halbmond-Kekse"

Beinahe wäre im Hause Strache das christliche Weihnachtsfest einem islamischen Übergriff zum Opfer gefallen. Der Wiener FPÖ-Chef entdeckte heute Morgen laut eigenen Aussagen auf seinem Küchentisch „Dutzende islamische Kekse in Halbmondform".

Eindeutige religiöse Symbole

„Es war eigentlich ein Morgen wie jeder andere", berichtet Strache aufgelöst gegenüber der **TAGESPRESSE**, als er uns in seinem Knight-Rider-Pyjama in die Wohnung lässt. „So wie jeder anständige Österreicher bin ich nach dem Aufstehen in die Küche gegangen, um den Tag mit einem gemütlichen Frühstücks-Jagertee zu beginnen. Da sehe ich auf einmal diese Halbmond-Kekse!"

„Alles Lügenpresse"

Seine Nachbarn, durch den Lärm aufgeschreckt, wollten Strache erklären, dass es sich bei den Keksen um einheimische Vanillekipferl handelte. „Wir haben ihm sogar Bilder und Rezepte gezeigt", erzählt die Nachbarin. „Aber der Bumsti riss uns nur die Kochbücher aus der Hand und schrie: ‚Lügenpresse! Alles Lügenpresse!'"

Verdächtiges weißes Pulver

Strache hat laut eigener Aussage die vermeintlich islamischen Kekse anfangs nicht bemerkt, da sie sich unter einer dicken Schicht weißen Pulvers tarnten. „Aber als ich das weiße Pulver mit meiner Nase inspiziert habe, war mir sofort klar, dass es sich da nicht um hiesiges Weihnachtsgebäck handeln kann", erzählt Strache.

Der besorgte Oppositionsführer begann sofort mit der Abschiebung und verschickte die Halbmond-Kekse sicher verschlossen in einer Dose an die türkische Botschaft. Dort ist man laut Presseaussendung „sehr irritiert, aber satt".

Weihnachtsfriede eingekehrt

Inzwischen hat sich die Lage im Hause Strache zum Glück wieder beruhigt, und einem besinnlichen Weihnachtsfest steht nichts mehr im Wege. „Es wird ein ganz normales, besinnliches Weihnachtsfest bei mir", erklärt Strache erleichtert, kniet sich unter den Christbaum, rollt einen Grenzzaun um seine Krippe und stellt neben König Melchior sicherheitshalber noch zwei kleine Polizeifiguren dazu.

 72 663 Leser   17 786 Likes

> **Walter P.**
> Die Vanille ist ja auch so ein ausländisches Teufelszeug. Oder wächst die im Wald/4? Der gute Österreicher dröhnt sich mit Mohn zu!

> **Patrick H.**
> Vielleicht passen Linzeraugen besser. Die drei Löcher passen gut für drei erhobene Finger.

> **Gernot H.**
> GEGEN HALBMOND KEKSE!!!11!11!1!!

30.12.2015

Skisprung-Drama: Schlierenzauer von 3-km/h-Windböe erfasst und spurlos verschwunden

Auch das noch! Die Pechsträhne von ÖSV-Star Gregor Schlierenzauer reißt nicht ab. Der Rekord-Skispringer wurde heute am Weg zum Training von einer 3-km/h-Windböe erfasst und verweht. Er ist seitdem spurlos verschwunden und wird in ganz Österreich gesucht.

Risikoberuf Skispringer

ÖSV-Trainer Heinz Kuttin vermutet, dass Schlierenzauer innerhalb eines Vogelschwarms bis nach Russland getragen wurde. „So was ist alltägliches Berufsrisiko bei uns. Immerhin war das sein bester Flug dieses Jahr."

Auch Ex-Springer Andreas Goldberger, den wir beim Shopping in der C&A-Kinderabteilung begleiten, bleibt gelassen: „Skispringen ist der perfekte Sport für alle, die professionell hungern wollen, aber keinen Job als Model bekommen. Der Gregor kommt schon zurück auf die Schanze."

Der große Absturz

Schlierenzauer hat derzeit eine schwere Zeit im ÖSV-Team. 2014 wurde der wohl beste Skispringer aller Zeiten übermütig. Er hatte eine schwere Fressattacke und stopfte sich eine ganze Rosine auf einmal in den Mund.

Seine Kollegen wendeten sich ab. Er wurde wegen seiner mangelnden Disziplin gemobbt. Schlierenzauer schleppt seitdem ein dunkles Geheimnis mit sich herum: Er ist derzeit der einzige Skispringer, der am Body-Mass-Index aufscheint.

Eine neue Hoffnung

Während sein Verschwinden bei Fans für Verwirrung sorgt, gibt es auch Hoffnung. Ex-Trainer Alexander Pointner sagt: „Es ist ein gutes Zeichen, dass der Gregor jetzt wieder leicht genug ist, um kilometerweit verweht zu werden. Ab sofort wird er wieder abheben wie früher. Und wenn es nicht klappt, hätte er nach einer kleinen Crash-Diät durchaus die Figur, um es beim nächsten H&M-Model-Casting zu probieren."

 103 622 Leser 10 605 Likes

> **Elke L.**
> Das hab ich gestern auch gedacht: Gebt den Jungs mal was zu essen!

> **Johannes S.**
> hätt er nur ein red bull zuvor getrunken, hätte er mit den flügeln gegensteuern können …

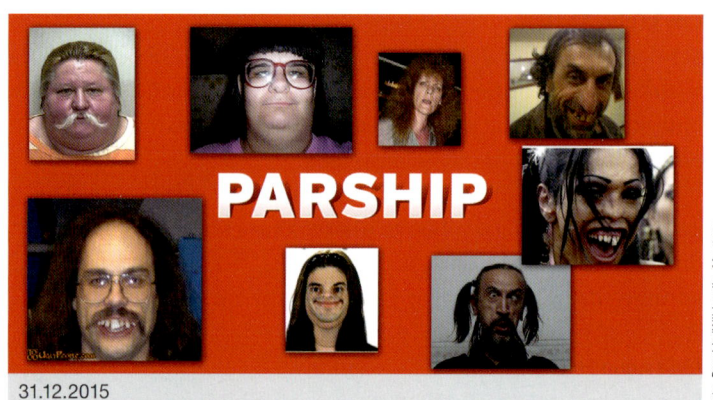

PARSHIP

31.12.2015

Winterschlussverkauf bei Parship: Dating-Portal verscherbelt zum Jahresende alle Ladenhüter

Pünktlich zum Jahresende räumt Österreichs größtes Dating-Portal sein Lager. In einer „Alles-muss-raus"-Aktion verscherbelt Parship unbeliebte Ladenhüter und alte Auslaufmodelle zu Spottpreisen an alle Nutzer.

Parship zahlt 24,90 Euro pro Monat

„Bei der Inventur sind wir auf zahlreiche Nutzer gestoßen, die seit Jahren ungedated in unserer Datenbank herumliegen", erklärt ein Techniker des Dating-Portals. Als Beispiel zeigt er uns das Profil des 48-jährigen Beamten Johann L. aus Schärding. „Sehen Sie sich diesen Herrn da an. Der ist so underfucked, der hat schon Spinnweben auf seinen Genitalien."

Um Leute wie Johann endlich loszuwerden, zahlt Parship seinen Nutzern nun bis zu 24,90 Euro pro Monat, wenn sie mit unbeliebten Männern und Frauen essen gehen oder sich sogar zu Hause verabreden.

Viele Nutzer schwer vermittelbar

Bei der Analyse der Profile zeigt sich, dass viele Nutzer selbst schuld an ihrer Misere sind und durch ihre Eigenschaften abschrecken. Psychologin Gudrun Fehrer analysiert: „Schreibt eine Frau, sie sei ‚karrierebewusst', heißt das, sie schläft mit ihrem Chef. Und ein Mann, der sich als ‚kinderlieb' bezeichnet, verbringt seine Freizeit nicht mit Kuscheln und Urlaub, sondern baut in Niederösterreich seinen Hobbykeller aus."

Regionale Probleme

Auch regional gibt es große Unterschiede, denn der Slogan „Seriöse Singles in deiner Nähe" sei oft nur heiße Luft. Frauen aus dem 21. Wiener Gemeindebezirk, die gerne einen Partner aus ihrer Nähe hätten, sind quasi unvermittelbar. Laut Auskunft des Magistrats befinden sich in Floridsdorf zurzeit nämlich alle Männer zwischen 18 und 39 Jahren im Gefängnis.

Kauf in Bausch und Bogen

Parship ist überzeugt, dass der Abverkauf zahlreiche Kunden anlockt. Schon nach einer Stunde habe etwa ein Wiener Baumeister mit dem Usernamen „Dörti_Ritschi_1932" mehr als drei Dutzend Frauen aufgekauft. Ein Parship-Sprecher freut sich: „Egal, ob Sprachfehler, Silberblick oder Tripper. Er hat einfach alles genommen, was zwischen 18 und 28 Jahren alt war."

 79 280 Leser   9611 Likes

Nanna P.
Ich will den, der sich alle 10 Sekunden verliebt!

Gerlinde A.
Parship dankt allen Mitgliedern für die jahrelange Treue.

02.01.2016

Foto: vadymvrobot/Fotolia

Weltrekord: Veganer erwähnt 12 Minuten und 4 Sekunden lang nicht, dass er Veganer ist

Auf den ersten Blick wirkt Jonas H. (38) wie ein ganz normaler Veganer. Doch der Schein trügt, in seinem Umfeld gilt der Bachelorstudent der Literaturgeschichte als Held. Denn ihm gelang es als erstem Veganer überhaupt, zwölf Minuten und vier Sekunden lang nicht zu erwähnen, dass er Veganer ist.

Bescheiden

„Bin ich ein veganer Held? Vielleicht", gibt sich Jonas H. im Interview mit Medienvertretern aus der ganzen Welt bescheiden. „Aber es ist alles nur eine Frage der Willenskraft."

Viel Arbeit

Tatsächlich steckt hinter dem Rekord jedoch monatelange harte Vorbereitungszeit. Gemeinsam mit Mentaltrainern und Psychologen trainierte Jonas auf den Rekord hin. „Er musste lernen, seine natürlichen Reflexe zu unterdrücken", erklärt sein Betreuer Mark.

Leben mit dem Trieb

Doch trotz des harten Trainings merkt man bei der Pressekonferenz, wie schwierig es selbst für Jonas ist, sein Verlangen zu kontrollieren. Mehrmals holt er zwischen den Fragen seinen Bio-Leinensack heraus, um „Ich bin VEGANER!!" reinzubrüllen und so seine Nerven zu beruhigen.

Streit führte zu Rekord

Dass es schlussendlich zum Rekord kam, ist allerdings einem Zufall zu verdanken. Gemeinsam mit einem anderen Veganer geriet Jonas in einem Starbucks auf der Wiener Mariahilfer Straße in Streit, wer den größeren Gingerbread-Bio-Latte hatte. Als er nach zwölf Minuten merkte, noch kein einziges Mal „Veganer" gesagt zu haben, verständigte Jonas sofort das Guinness-Buch der Rekorde, das den Weltrekord mittlerweile bestätigte.

Keine Trendwende

Scheint dieser Rekord eine Trendwende hin zu mehr Zurückhaltung unter Veganern einzuläuten? Psychiater Horst Eder von der Uni Wien winkt ab: „Mittlerweile beobachten wir sogar eine noch viele schlimmere Form: den Veganer, der ständig betont, wie selten er erwähnt, dass er Veganer ist."

 118 686 Leser   39 913 Likes

Katrin K.
Ich sage nie, dass ich Veganer bin!! Und ich meine, ich bin Veganer!! Aber keiner weiß das, obwohl ich Veganer bin!!

Manfred K.
Ich hab mit einer Veganerin gesprochen, als sie zum 5. Mal „Muhhhh" gesagt hat, hab ich sie geschlachtet und gegessen!

05.01.2016

Foto: James Steakley/Wikipedia. Montage

„Ihr singt ja total scheiße!": Dieter Bohlen wirft Sternsinger von seinem Grundstück

Pop-Titan Dieter Bohlen ist bekannt dafür, sich kein Blatt vor den Mund zu nehmen. Seine Tiraden als DSDS-Chefjuror sind legendär. Eine solche mussten drei Kinder am eigenen Leib erfahren, die als Heilige Drei Könige verkleidet Spenden sammeln wollten und auch bei der Villa von Bohlen vorsangen.

Keine Chance

Ein Video der Überwachungskamera, das RTL in einer Sondersendung von „Familien im Brennpunkt" ausstrahlte, zeigt, wie Justin (8), Sven (6) und Chiara-Mercedes (7) das Sternsinger-Lied anstimmen. Doch nach nur vier Sekunden werden sie bereits von Bohlen unterbrochen: „Ihr singt ja total scheiße!", brüllt er die schockierten Kinder an. „Da is' kein Gefühl dabei, keine Harmonie, gar nix! Ihr seid kacke!"

„Augenkrebs"

Nicht einmal die Garderobe stößt auf Wohlgefallen: „Diese Klamotten, Mann, da kriegt man Augenkrebs! Sach ma, bewerbt ihr euch hier bei ‚Deutschland sucht den Superspast'?" (Immer mittwochs & samstags um 20:15 Uhr auf RTL.)

Kein Pardon
Bohlens Herz erweicht auch nicht, als der kleine Sven, der als Melchior verkleidet ist, in Tränen ausbricht: „Oh Mann, was soll die Heulerei? Malst dich schwarz an, machst einen auf Gangsta-Rapper, und dann so eine Gefühlsduselei?"

Bohlen will nicht spenden
Die Bitte um Gaben für wohltätige Zwecke weist Bohlen schroff ab, mit der Begründung, er könne „dieses Entengequake" nicht mal am Ballermann rausbringen. Schließlich verjagt er die Kinder von seinem Grundstück und warnt sie davor, es nächstes Jahr bei einer neuen Staffel noch einmal zu versuchen.

Kirche verspricht Besserung
Die Erzdiözese, welche die drei Sternsinger castete und losschickte, versprach unterdessen bereits Besserung. Nächstes Jahr will man zu Bohlen ein ansprechenderes Trio schicken, bestehend aus Sarah Connor, Haftbefehl und Helene Fischer.

 58 253 Leser 12 546 Likes

Walter F.
Unfair, ich sag das den kleinen Rotzn jedes Jahr und bekomm auch keinen Artikel!

Alexander R.
Wo bleibt die FPÖ, die doch angeblich gegen Betteln und Hausieren ist?

05.01.2016

Foto: ORF/Screenshot, Montage

Erneuter Zwischenfall: Eurofighter stürzt hinter Marcel Hirscher auf Piste

Beim Weltcup-Slalom in Santa Caterina kam es heute zu einem dramatischen Zwischenfall. Nachdem Marcel Hirscher im Dezember nur knapp von einer Drohne verfehlt worden war, stürzte heute hinter dem Weltcup-Gesamtsieger ein österreichischer Eurofighter vom Himmel.

Etwa 35 Sekunden nach dem Start von Hirscher schockt ein lauter Knall die Zuschauerränge im Tal. Daraufhin stürzt der teure Abfangjäger unmittelbar hinter Hirscher auf die Piste und verfehlt diesen nur knapp.

Eurofighter sollten Luftraum überwachen

Laut Verteidigungsminister Klug (SPÖ) wurde der Eurofighter nach Italien geschickt, um den Luftraum über Hirscher zu überwachen und angreifende Drohnen abzufangen.

Anscheinend technisches Gebrechen

Erste Spekulationen, dass es sich um sogenanntes „menschliches Versagen" (Anm.: betrunkener Pilot) handelte, wurden inzwischen widerlegt. Die Behörden gehen von einem technischen Gebrechen aus, wie ein Pilot bestätigt: „Marcel Hirscher fährt mit bis zu 50 km/h. Auf so eine Geschwindigkeit ist der von unserem Heer benutzte Bautyp des Eurofighters eben einfach nicht ausgelegt."

Techniker gehen davon aus, dass den beiden 1,5-Volt-AA-Batterien, mit denen die Eurofighter betrieben werden, irgendwann einfach der Saft ausging.

Trümmer werden derzeit untersucht

Derzeit werden die Trümmer von der Staatsanwaltschaft gesichert und untersucht. Eine weitere denkbare Ursache wäre höhere Gewalt: Der Eurofighter könnte in der Luft von einer Schneeflocke getroffen worden sein, was das Triebwerk zertrümmert haben dürfte.

ÖSV jubelt trotzdem

Gute Nachrichten gibt es inzwischen vom unverletzten Piloten des Eurofighters. Der Soldat konnte sich per Schleudersitz retten und gewann dabei die Qualifikation zum Skispringen in Bischofshofen mit einer Bestweite von 3,8 Kilometern.

 87 867 Leser   17 152 Likes

Wilfried H.
Falschmeldung. Dazu hätte der Eurofighter starten können müssen.

Jürgen N.
Gott sei Dank war die Bewaffnung auch defekt, sodass kein größerer Schaden auf der Piste entstand. Eine Gruppe Rekruten wurde von Absam aus mit vier Kisten Bier entsandt, um den Schaden wieder glattzurutschen.

08.01.2016

Foto: Landesregierung NÖ/Montage

„Habe andere Pläne": Pröll gibt Kandidatur als US-Präsident bekannt

Lange wurde über eine mögliche Kandidatur Erwin Prölls bei der Präsidentschaftswahl spekuliert. Nun bestätigte er die Gerüchte – allerdings mit einer unerwarteten Wendung: Pröll will nicht bei den Präsidentenwahlen in Österreich kandidieren, sondern in den USA.

Höhere Ambitionen

„Ich würde doch niemals eine Degradierung zum Bundespräsidenten von Österreich akzeptieren, wo ich doch schon Landeskaiser bin", stellt Pröll klar. Nur das Amt als Präsident des mächtigsten Landes der Welt sei dem Amt des Landeskaisers von Niederösterreich beinahe ebenbürtig.

Dass die US-Verfassung eigentlich nur als Staatsbürger Geborene zur Wahl zulässt, stört Pröll keineswegs: „Wenn ich erst mal gewählt bin, werde ich die US-Verfassung per majestätischem Sonderdekret ändern."

Pläne fürs Amt

Sollte er ins Weiße Haus einziehen, plant Erwin Pröll als erste Gesetzesänderung einen Stopp des Auslieferungsabkommens zwischen den USA und Österreich, um beim für die Jahre 2019 bis 2035 angesetzten Pröll-Untersuchungsausschuss nicht nach Wien zurückzumüssen. Aber auch dem Weißen Haus drohen einige Änderungen, wie er selbst verrät: „Bei Staatsbesuchen werden Putin und Merkel nicht mehr direkt mit der Limousine aufs Weiße Haus zufahren dürfen. Sie müssen zuerst durch mehrere Kreisverkehre."

Entsetzen in den USA

„Pröll ist ein verwirrter, egomanischer, alter Choleriker! So eine Rumpelstilzchen-Personality im Weißen Haus wäre absolut untragbar!", zeigt sich Präsidentschaftskandidat Donald Trump entsetzt.

PR-Strategie

In Umfragen liegt Erwin Pröll derzeit mit 0,1 Prozent noch etwas abgeschlagen. „Glauben Sie mir, das wird sich bald ändern, wenn ich dort drüben mehr Medienpräsenz habe", lacht Pröll und verweist darauf, dass Praktikantin Elisabeth (19) in Zukunft alle Ausgaben der *NÖN* auf Englisch übersetzen wird, um die Wochenzeitschrift am US-Markt zu etablieren.

Beweggründe klar

Für Politik-Experten Peter Filzmaier ist Prölls Entscheidung nachvollziehbar: „Die Hofburg hat nur 2400 Quadratmeter Wohnfläche und ein kleines Kellergeschoß. Die vielen Leichen im Keller von Pröll haben in diesem bescheidenen Gebäude doch keinen Platz. Alleine für die Landeshaftungen der HYPO NOE müsste man die Hofburg verdreifachen."

 61 150 Leser 14 892 Likes

> **Martin M.**
> In Washington wäre er aber weit weg von den Weingebieten der USA, wie soll er da eine Winzerkönigin küren?

Was mir weiter auf die Nerven ging, war doch der widerliche ...
den die grosse Presse schon damals mit Frankreich trieb. Man
musste sich geradezu schämen, Deutsche*r zu sein, wenn man
süsslichen Lobeshymnen auf die "grosse Kulturnation" zu Ges
bekam. Als ich zum ersten Male die*den Jüd*innen in solcher
als den ebenso eisig kalten wie schamlos geschäftstüchtige*n
Dirigent*in dieses empörenden Lasterbetriebes des Auswurfe
Grossstadt erkannte, lief mir ein leichtes Frösteln über den R
Wird nicht die Aufgabe des/der leitenden Staatsfrau*mann
der Geburt des schöpferischen Gedankens oder Planes a
vielmehr nur in der Kunst gesehen, die Genialit...
Entwürfe einer Hammelherde von Hohl
machen, um dann deren gütige Zustim
die/der Jüd*In kann eine Einrichtun
unwahr ist wie er selber. Die Verpe
...en heute planmässig be
...ung nicht da

11.01.2016

Foto: Die Tagespresse

„Mein Kampf" endlich politisch korrekt: Grüne präsentieren gegenderte Neuauflage

Das wurde auch Zeit! Adolf Hitlers „Mein Kampf" darf ab 2016 wieder nachgedruckt werden und erscheint jetzt auch in einer gegenderten Neuauflage. Das setzten die Grünen durch. Damit ist das Werk endlich geschlechtsneutral formuliert. Dem politisch korrekten Lesespaß für die ganze Familie steht somit nichts mehr im Wege.

Wichtiger Erfolg

Den Grünen gelang ein weiterer politischer Meilenstein. „Wir verlieren uns bei der Gleichstellung oft in Randthemen, aber hier haben wir einen historischen Erfolg erzielt", heißt es in einer Presseaussendung. Bisher waren Frauen in „Mein Kampf" immer nur mitgemeint.

Kritik von Fans

Viele Leser sind von der gegenderten Neuauflage enttäuscht. „Schade, dass sich jetzt sogar Herr Hitler dem Genderwahn beugt. Ich kann mich beim Lesen nur schwer auf meinen Judenhass konzentrieren, wenn ständig mein Frauenhass dazwischen-

funkt", so Heinrich G. (99) aus Wels. Er zeichnete die Neuauflage
von „Mein Kampf" auf Amazon mit nur einem gelben Stern aus.
„Ich habe in meinem Leben schon viele Sachen mit einem gelben
Stern gekennzeichnet. Bei diesem Buch ist es mir am schwersten
gefallen."

Geschichtsverfälschung
Auch die FPÖ sieht die Änderungen kritisch: „Das grenzt an Geschichtsverfälschung. Wir haben keinerlei Beweise, dass Frauen
zur Zeit Hitlers überhaupt schon existiert haben." Durch die Neuauflage sei die wertvolle Tradition des Patriarchats gefährdet.
Die FPÖ ruft nun ihre Mitglieder dazu auf, Frauen und Kindern
den Zugang zur gegenderten Version von „Mein Kampf" sowie zu
anderer feministischer Literatur zu verbieten.

 74 218 Leser   8599 Likes

> **D.b. H.**
> „Deutsche, kauft nicht bei JudInnen." So
> liest sich's doch gleich viel entspannter,
> bisher hatte der Satz immer so ein subtil
> diskriminierendes Geschmäckle.

> **Stefan L.**
> die fpö kann beruhigt sein. ihre wähler
> verwenden das buch nach 4 sich nicht
> reimenden sätzen sowieso angeekelt nur
> mehr zum geraderichten ihres fliesen-
> tisches.

DiE**TAGESPRESSE**
– exklusiv –

„Ich war nicht meine erste Wahl"

16.01.2016

Foto: Robert Newald/picturedesk.com

Rudolf Hundstorfer im Interview

Wir treffen den frischgebackenen Hofburg-Kandidaten für die SPÖ, Rudolf Hundstorfer, in einem Beisel in Meidling, wo er bei einem Krügerl den **TAGESPRESSE**-Redakteuren Rede und Antwort steht.

DiE**TAGESPRESSE:** *Herr Hundstorfer, warum gerade Sie?*
Rudolf Hundstorfer: Das hat die Partei so entschieden, und ich habe diese Entscheidung zur Kenntnis zu nehmen. Ich war nicht meine erste Wahl.

Ohne Ihnen zu nahe treten zu wollen, aber Sie wirken wie ein ziemlich fader Kandidat, der für die Stillstandspolitik der großen Koalition steht.
Dem habe ich nichts hinzuzufügen.

Warum sollte man Sie dann wählen?
Angst vor Veränderung? Ich weiß es auch nicht.

Von wem haben Sie von Ihrer Nominierung erfahren?
Von Werner Faymann, der wiederum aus den Medien erfahren hat, dass sich die Partei auf mich als Hofburg-Kandidaten festgelegt hat.

Im bisherigen Kandidatenfeld stechen Sie mit Ihren 64 Jahren als junger Wilder heraus. Ein Signal an Jungwähler?
Die Gruppe der Jungwähler unter 60 war nie im Fokus der SPÖ. Aber bitte, wenn einer von denen mich wählen will, is' mir des natürlich recht. Von mir aus müsst's gar ned wählen gehen.

Sind Sie mit Ihren 64 Jahren nicht vielleicht sogar zu jung für die SPÖ-Stammklientel?
Das ist ein falscher Eindruck, ich fühl' mich viel älter als 64. Mein Arzt hat mir gestern erst bestätigt, dass ich den Körper und den Geist eines 80-jährigen Bergwerkarbeiters aus dem 19. Jahrhundert habe.

Was sind Ihre ersten Pläne nach der Wahl?
Erst amal geh' ich mit meiner Frau drei Wochen auf Karibik-Kreuzfahrt. Danach werde ich schauen, was es für Angebote gibt, vielleicht Ehrenpräsident von irgendeinem Schasverein.

Moment – heißt das, Sie rechnen selbst nicht mit Ihrem Sieg?
Ich bin von Natur aus Optimist. Ich gehe davon aus, dass ich an
meiner bereits gebuchten Kreuzfahrt im Juli auch teilnehmen
kann.

Glauben Sie also, Andreas Khol wird die Wahl gewinnen?
Der Khol Andi? Der hat ja die Kreuzfahrt mitgebucht mit seiner
Frau.

*Wenn also weder Sie noch Andreas Khol die Wahl gewinnen
werden, wer dann?*
Vielleicht dieser grüne Professor aus Holland, oder diese Justiz-
Tante, wer weiß. Das werde ich dann am Wahlabend per TV vom
Kreuzfahrtschiff aus mitverfolgen.

*Das heißt, Sie werden am Wahltag nicht einmal Ihre Stimme
abgeben?*
Soweit ich weiß, unterhält das Außenministerium keine Konsu-
late auf AIDA-Kreuzfahrtschiffen. Ich fürchte also, meine Stimmabgabe am Wahltag wird logistisch nicht möglich sein.

Aber es gibt ja die Briefwahl.
Stimmt. Na ja, ich nehm' an, der Wahlkampf wird sehr stressig,
also mal schauen, ob ich da überhaupt dazu komme, die Wahlkarte rechtzeitig zu beantragen.

*Ein Kandidat, der nicht einmal für sich selbst stimmt, das wäre in
der Geschichte der Zweiten Republik ein absolutes Novum.*
Aha, na, da schaun S' aber, gö? Ihr Zeitungsfritzen schreibt's ja
sonst a immer, unter der großen Koalition verändert sich nix in
dem Land.

Abschließende Frage: Was ist Ihr Wahlziel?
Nicht in die Stichwahl kommen.

Herr Hundstorfer, vielen Dank für das Gespräch.
Passt scho.

 46 025 Leser   2926 Likes

> **Sabine R.**
> Bitte mit jedem Präsi-Kandidaten so ein knallhartes Interview führen – das wird wahlentscheidend!

> **Emanuel D.**
> Van der Bellen, Hundstorfer, ... Wie viele Köter wollen noch antreten?

> **Lukas S.**
> Ich wünschte, es käme in nächster Zeit wieder einmal ein Satireartikel von der Tagespresse ...

19.01.2016

WhatsApp gratis: DIESER Trottel (31) hat dafür vor einem Jahr noch 19 Milliarden bezahlt

Wer kennt das nicht: Man kauft sich ein angesagtes neues Gadget, und wenig später kostet es plötzlich nicht einmal mehr halb so viel. Diese Erfahrung musste jetzt auch der 31-jährige Programmierer Mark Z. aus Kalifornien machen.

Erst im letzten Jahr blätterte er ganze 19 Milliarden Dollar für den bekannten Kurznachrichtendienst „WhatsApp" hin. Doch seit gestern Mittag steht fest: Die App ist ab sofort völlig kostenlos für jeden verfügbar.

Über seinen Facebook-Account nahmen wir mit Mark Z. (Name der Redaktion bekannt) Kontakt auf und fragten ihn, was er zu seinem Fehlkauf zu sagen hat. Doch bis Redaktionsschluss lag noch keine Antwort vor; Mark Z. zieht es offenbar vor, zu schweigen.

Verständlich, denn der Wikipedia-Eintrag des US-Amerikaners lässt auch sonst auf ein eher verkorkstes Leben schließen. Schon in der Schule galt er als Nerd. Mit 22 Jahren brach er sein Studium ab, um eine Website zu programmieren. Seither ist er in zahlreiche Rechtsstreitigkeiten verwickelt.

Auf seinem persönlichen Facebook-Profil versucht Mark Z. verzweifelt, die Fassade einer heilen Welt aufrechtzuerhalten. Dort postet er etwa Fotos seiner Tochter oder kündigt großspurig wohltätige Spenden an. Spätestens das Bekanntwerden des 19-Milliarden-Dollar-Fehlkaufs wird diese Fassade jetzt wohl endgültig zum Einsturz bringen.

Immerhin: Unsere Recherchen könnten Mark Z. hoffen lassen. Ein Konsumentenschutz-Experte lässt auf Nachfrage durchblicken, dass Z. einen Teil des Kaufpreises rückerstattet bekommen könnte. Allerdings nur dann, wenn er Beschädigungen an der Ware nachweisen kann und sich die Rechnung aufgehoben hat.

 104 913 Leser   9699 Likes

Ronny G.
Es gibt halt Strategien, die ein kleingeistiger Schmalspur-Schreiberling eines unbedeutenden Schundblattes mangels Intelligenz und Intellekt in seinem winzigen Kämmerlein nicht zu erfassen vermag. Einen Selfmade-Milliardär als Trottel zu bezeichnen, hat den betreffenden kleinen Schreiberling dieses Artikels selbst zum größten Trottel gemacht, auch wenn es nur satirisch gemeint war.

Dennis N.
Und wer is die Tagespresse das die meinen SIe haben den Arsch so weit oben um sich so ne Aussagen leisten zu können??

20.01.2016

Foto: Martin Juen/Montage

„Habe von der Realität genug": Faymann regiert nur mehr mit Virtual-Reality-Brille

Schon oft musste sich Kanzler Werner Faymann vorwerfen lassen, er habe den Bezug zur Realität komplett verloren. Die SPÖ dreht nun den Spieß um: Parteichef Werner Faymann regiert ab sofort nur mehr mit einer Virtual-Reality-Brille, um sich endgültig von der Wirklichkeit zu verabschieden.

Faymann testet Oculus Rift

„Die Realität war eh noch nie so meins", lacht Faymann, als ein Techniker ihm die VR-Brille von „Oculus Rift" aufsetzt, was nicht ohne Probleme abläuft. „Herr Faymann, ich komm bei der Stirn nicht durch", stöhnt der Techniker. „Wir müssen zuerst das Brett vor ihrem Kopf entfernen."

Kurze Zeit später ist es geschafft. Faymann taucht in andere Welten ein. „Wautschi! Ich bin der Retter der Sozialdemokratie! Huiii!", schreit Faymann und reißt seine Arme nach oben. Er selbst sieht vor seinen Augen 100 000 Menschen, die ihm am Heldenplatz zujubeln, obwohl er in Wahrheit am Klo steht und auf eine Klopapierrolle einredet.

Bizarre Welten

„Es ist ein Wahnsinn, was hier alles möglich ist!", schwärmt Faymann von den computergenerierten Landschaften und Levels. „Die haben total unrealistische, bizarre Welten geschaffen, in denen Eurofighter problemlos fliegen, Politiker nach Fehlentscheidungen zurücktreten und Reformen wirklich angepackt werden. Irgendwie unheimlich …"

Dicke Luft im Parlament

Im Nationalrat sorgt Faymanns neuer Auftritt aber für Unmut, da er selbst am Podium nur noch mit VR-Brille spricht. „Was ist mit der Flüchtlingskrise, du Staatsfeind!", brüllt FPÖ-Chef Strache nach vorn und fordert Taten.

Faymann reagiert mit einem Lächeln: „Ich weiß nicht, in welcher Welt Sie leben, aber ich sehe weit und breit keine Krise, sondern nur bunte Flüsse, in denen Milch und Honig fließen. Übrigens: Die Gefahren des Islamismus kann man einfach in den Benutzereinstellungen auf ‚OFF' stellen!"

Gefahren und Probleme

Dass das erste Modell der Oculus Rift technisch noch nicht ausgereift ist, stört den Kanzler nicht: „Ja, die Grafik ist noch unscharf, aber glauben Sie mir, es gibt Schlimmeres, als Mitterlehner oder Mikl-Leitner verschwommen und verpixelt zu sehen."

Mehr Technik für das Volk

Während die SPÖ schon eine Brille ergattert hat, heißt es für die Österreicher noch abwarten. Erst für die zweite Jahreshälfte ist die Auslieferung der VR-Brillen geplant. Dann können sich endlich die restlichen 8 Millionen Österreicher mit den Geräten eindecken, um in virtuelle Welten zu flüchten, in denen es keinen Faymann gibt.

 74 218 Leser   8599 Likes

> **Wilhelm L.**
> Das muss ein Satire-Beitrag sein, denn
> Hr. Faymann regiert doch überhaupt nicht!

22.01.2016

Foto: Screenshot Liveleak.com

Gipfel der Grausamkeit: IS führt Registrierkassenpflicht ein

Jeden Tag schockiert der „Islamische Staat" (IS) die Welt mit seinen Taten. Jetzt macht die Terrororganisation mit einer neuen Grausamkeit von sich reden: Offenbar wurde in den von ihr besetzten Gebieten eine flächendeckende Registrierkassenpflicht eingeführt.

Das neue Gesetz wurde vom selbst ernannten Kalifen Abu Bakr al-Baghdadi nach dem Freitagsgebet verkündet: „Es ist der Wille des Allmächtigen und seines Propheten, dass alle Käufe ab sofort mit einem elektronischen Kassensystem registriert und versteuert werden." Jeden, der eine Registrierkasse verwendet, würden im Paradies demnach 72 Jungfrauen erwarten.

Massive Kritik

Die Anordnung stieß international auf Empörung. In einer Sondersitzung des UNO-Sicherheitsrats wurde der Schritt per Resolution einstimmig verurteilt. „Der IS terrorisiert die Bevölkerung Tag für Tag mit barbarischen Taten", erklärte UN-Generalsekretär Ban Ki-moon anschließend in einer Pressekonferenz. „Dies ist der absolute Gipfel."

Obama entschlossen

Einmal mehr werden Rufe nach einer intensiveren militärischen Intervention laut. US-Präsident Obama gab sich auf einer Presse-konferenz um vier Uhr früh entschlossen: „Wir werden nicht zulassen, dass die syrischen Menschen behandelt werden, als wären sie irgendwelche Einzelunternehmer."

Protestaktion

Vor dem Weißen Haus veranstaltete Amnesty International zeitgleich eine Protestaktion, um auf das Leid der Syrer hinzuweisen. In einem symbolischen Akt wurde eine Registrierkasse mit Erdöl übergossen und angezündet.

Legt der IS nach?

Geheimdienstmitarbeiter befürchten unterdessen noch weitere Grausamkeiten. Die amerikanische *New York Times* berichtet über Abhörprotokolle, denen zufolge die IS-Führung in ihrem Gebiet neun Landeshauptmänner installieren will.

 74 004 Leser   10 559 Likes

Walter P.
Was kommt als Nächstes? Helene Fischer über die Minarett-Lautsprecher?

Chris W.
Ich kenne einen noch viel grausameren Schurkenstaat! Dort wurde vor kurzem Registrierkassen-, Belegausstellungs-, Belegannahme- und Mitarbeitspflicht eingeführt.

01.02.2016

Foto: Martina Draper/photaq/picturedesk.com

„Klimasünder“: UNO fordert Van der Bellen auf, nur mehr 10 Packerl am Tag zu rauchen

Schlechte Nachrichten für Alexander Van der Bellen! Der Präsidentschaftskandidat wurde von der UNO wegen seines massiven Tabakkonsums in die Liste der größten Klimasünder aufgenommen. Derzeit liegt der ehemalige Grünen-Chef direkt hinter China und den USA auf Platz drei.

Obergrenze von zehn Packerln Zigaretten
Van der Bellen muss nun seinen Schadstoffausstoß massiv drosseln. Um die Emissionsziele zu erreichen, gilt für ihn ab sofort eine Obergrenze von zehn Packerln Zigaretten pro Tag. Außerdem sollen in österreichischen Lokalen neben Raucherbereichen zusätzliche Bereiche geschaffen werden, in denen Van der Bellen rauchen kann, ohne andere Raucher zu schädigen.

„Verletzung der Menschenrechte“
Die strenge Auflage stößt bei Van der Bellen auf wenig Verständnis: „Das ist eine Verletzung meiner Menschenrechte. Zehn Packerl rauche ich in der Früh schon nebenbei am Weg vom Schlafzimmer ins Wohnzimmer“, sagt Van der Bellen, lacht und zieht

genüsslich an den fünf Zigaretten in seinem Mund, den vier in seinen Nasenlöchern und den zwei in seinen Augen.

Lösung schon parat

Derzeit trägt Van der Bellen ein speziell angefertigtes, 60 Zentimeter langes Nikotinpflaster, das er stündlich wechselt. Aber der Wirtschaftsprofessor hat bereits ein rechtliches Schlupfloch entdeckt, das er bald nutzen will: „Ich werde einfach CO_2-Zertifikate von Nichtrauchern kaufen. Dann bin ich quasi klimaneutral und kann wieder so viel rauchen, wie ich will." Ein weiterer harter Rückschlag im Kampf gegen den Klimawandel.

 58945 Leser   6696 Likes

D.b. H.
In der Hofburg werden dann neue Arbeitsplätze geschaffen – speziell geschulte Beamte werden als Rauchmelder an bestimmten Hotspots stehen, um den Rauchkonsum von VdB zu melden.

05.02.2016

Foto: Johannes Zinner/Wiener Linien, stockyimages/Fotolia, Montage

Unfassbares Martyrium: Wiener (38) musste sieben Minuten auf Bus warten

Mehr als sieben Minuten musste der Wiener Helmut T. gestern an einer Haltestelle in Wien-Josefstadt auf den nächsten Bus warten. Behörden sprechen von einem „unfassbaren Martyrium". Selbst Ärzte sind sich einig: Dass der 38-jährige Büroangestellte den Vorfall überlebte, grenzt an ein Wunder.

Todesangst

Wie jeden Abend wollte Helmut T. an der Haltestelle Piaristengasse in den Bus einsteigen, doch dem Blick auf die Anzeigetafel folgte der Schock: sieben Minuten Wartezeit. „Ich dachte, das war's, das ist der sichere Tod, ich hatte bereits mit dem Leben abgeschlossen", erzählt der Büroangestellte von seinen ersten Gedanken.

Das Opfer hatte kaum mehr Akku und wollte eigentlich den Rettungshubschrauber rufen, damit dieser ihn bergen könne. Doch dabei kam es zu einem verheerenden Zwischenfall: „Ich hab' auf Facebook ein Katzenvideo gesehen, das hab' ich dann so lang geschaut, bis der Akku leer war."

Glück

Zur Zeit des Zwischenfalls hatte es draußen plus 8 Grad, was laut Ärzten für einen Wiener jedoch gefühlten minus 30 Grad entspricht. Helmut T. hatte gerade noch einmal Glück im Unglück, da er lebensnotwendige Dinge wie eine Dose Ottakringer und drei Zigaretten bei sich hatte, die er streng rationieren musste, bis der Bus kam.

T. klagt an

„Ich habe sieben Minuten meines Lebens verloren, die ich nie wiederbekommen werde", ist Helmut T. zornig. „Unter normalen Umständen hätte ich die Zeit sinnvoll nutzen können, wäre früher daheim gewesen und pünktlich um 20:15 Uhr auf der Fernsehcouch gelegen."

 55 595 Leser   5895 Likes

> **Daniel E.**
> Wohin soll das noch führen? Dass die Leute etwa warten, bis man ausgestiegen ist, bevor sie einsteigen?

> **Susanne E.**
> Gut, dass der nicht in der Seestadt Aspern gewartet hat. Da hätt' er 15 Minuten stehen können. Dafür gibt es aber wenigstens kein Wartehäuschen. So kann man die Natur während der Wartezeit voll genießen.

> **Georg H.**
> Tststs … ich bin einmal 13 Minuten auf einer stehenden Rolltreppe gestanden …!

08.02.2016

Foto: TeoT./Fotolia

Versaut! Wiens erste Social-Media-Nutte verspricht: „Ich like alles für 60 Euro die Stunde!"

Wenn das mal kein unmoralisches Angebot ist! Daciana B. (41) ist Wiens erste Prostituierte, die ihre Dienste in sozialen Medien anbietet. Sie verspricht, alle Fotos, Posts und Videos ihrer Kunden zu liken – freilich nur gegen die Zahlung von 60 Euro pro Stunde.

Wir vereinbaren mit Daciana ein Interview an ihrem Arbeitsplatz, dem Hinterraum eines heruntergekommenen Internet-Cafés hinter dem Wiener Westbahnhof. „Früher war alles viel einfacher", erklärt die gebürtige Rumänin zu Beginn und zieht an ihrer Zigarette. „Da wollten die Männer nur ficken, und fertig. In den Neunzigern wollten sie dann immer öfter reden. Und seit ein paar Jahren kommen sie und wollen, dass ich ‚Gefällt mir' drücke auf ihrem Facebook oder Instagram. Ich sage: Ist okay, solange sie auch zahlen."

Marktlücke

Daciana erkannte den Zeitgeist und spezialisierte sich ausschließlich auf das Liken von Social-Media-Inhalten aller Art. Verführerisch erklärt sie: „Egal, was du postest: Ich like dir alles! Sogar die Fotos, die deine Frau nicht liken will. Und für ein kleines Extra-Trinkgeld mach ich es sogar ganz ohne Virenschutz."

Wer kann da schon widerstehen? Jedenfalls nicht Stammkunde Markus (21), der gegenüber der **TAGESPRESSE** freimütig zugibt: „Ich bin so aufmerksamkeitsgeil, meine Freunde können mich einfach nicht mehr befriedigen." Daher geht er regelmäßig zu Daciana.

„Erst letzte Woche kam ich von einem zweiwöchigen Selbsterfahrungstrip in Indien zurück. Und das Fotoalbum hat auf Facebook nur zwölf Likes bekommen, da bin ich ja fast umsonst gefahren! Gut, dass es die Daciana gibt, die das Album noch mal so richtig durchliked."

Plötzlich kommt ein kleiner, pickeliger, dürrer Mann mit langen Haaren aus dem Nebenzimmer. Es handelt sich um Johannes, Informatikstudent und Zuhälter von Daciana, der sie vor Hasspostings beschützt. Ungeduldig grunzt er: „So, aus is das Interview! Gemma, gemma, Daciana, an die Arbeit, tua a bissi wos liken!"

 63 849 Leser 3566 Likes

> **Alexander L.**
> Erst gestern hat mir die Dame nach einer guten Flasche Vine ordentlich einen retweetet. „Du bist ein geiler Flickr", hat sie zu mir gesagt, während ich mir ein Instagram Koks durch die Nase gezogen habe. „WhatsApp, Baby", sagte ich, „noch Pinteresse an einem kurzen Snapchat mit dem Xing of Sex?" „Share dich zum Teufel!", war ihre Antwort.

> **Josef F.**
> Liken ist prinzipiell o. k., aber anstupsen würde dann doch zu weit gehen!

09.02.2016

Foto: Die Tagespresse

„Saudi Arabia's Next Topmodel": Islamistische Castingshow wegen Eintönigkeit abgesetzt

Was als Publikumsmagnet im saudi-arabischen TV geplant war, endet im Quotendesaster. Die islamistische Castingshow „Saudi Arabia's Next Topmodel" wurde bereits nach einer Folge wieder abgesetzt, da sowohl Zuseher als auch Kritiker gelangweilt umschalteten.

Alle Models komplett verschleiert

Dabei investierten die Produzenten viel in ein westlich anmutendes Erscheinungsbild, wie der Sendungsauftakt beweist: „Wir wollen der Welt zeigen, dass Saudi-Arabien ein modernes Land ist!", klatscht der im Armani-Anzug gekleidete Moderator und holt im Rahmen einer bombastischen Show zehn komplett in Armani-Niqabs verschleierte junge Frauen ins TV-Studio. „Und jetzt, Ladys, husch, husch, geht mal alle den Catwalk entlang und zeigt euch unseren Juroren. Begrüßen wir König aaaaal-Saud, den Großmufti Abulaziiiiiiz und als besonderen Stargast: Heidiiiii Klum!"

Schlechtes Konzept

Die Probleme im Konzept der Show offenbaren sich jedoch schon in den ersten Minuten. Als eine Teilnehmerin der Aufforderung von Heidi Klum folgen und „etwas mehr" von sich zeigen will, wirft der Großmufti von der Jurybank sofort einen Stein Richtung Model. „Zeig doch endlich mal ein bisschen weniger Haut!", brüllt er die junge Frau an, von der ohnehin nur die Augen zu sehen sind. „Und du halt dein westliches Maul!", zürnt auch der saudische König und wirft einen Stein auf Heidi Klum.

Enttäuschung

Unverständnis über das vorzeitige Showende zeigte Saudi-Arabiens König Salman ibn Abd al-Aziz: „Ich wollte eigentlich ein anderes Image meines Landes transportieren. Saudi-Arabien ist heute ein modernes Land. Die Zeiten, wo wir Frauen gegen Kamele eingetauscht haben, sind längst vorbei. Heute tauschen wir sie gegen MacBooks ein."

Weiterer Fehlschlag

Für das saudische TV ist die Show nicht der erste Flop in diesem Jahr. Bereits im Jänner musste die Castingshow „Saudi Arabia's Next Comedy Talent" nach wenigen Minuten abgebrochen werden, da der in der Jury sitzende IS-Chef al-Baghdadi sich nicht ans Drehbuch hielt und noch während der Vorstellungsrunde alle Kandidaten erschoss.

 60 257 Leser   7623 Likes

Alexander L.
Schade! Ich freue mich allerdings schon auf die neue Reality-Show „Köpfstars – Saudi-Arabien sucht den Super-Henker". Als Moderatorin ist angeblich Claudia Bandion-Ortner im Gespräch. Es wird immer am Freitag ausgestrahlt – aber nicht an jedem.

12.02.2016

Foto: David Pereiras/Fotolia

„Will sie auf Berufsleben vorbereiten": Mutter gibt Tochter 20 Prozent weniger Taschengeld als Sohn

Wie viel Taschengeld sollte man Kindern geben? Über diese Frage zerbrechen sich Eltern wie Experten den Kopf. Einen neuen Weg geht Hertha B. (46) aus Baden: Sie zahlt ihrem zwölfjährigen Sohn Lukas 100 Euro im Monat, ihrer 14-jährigen Tochter Susi jedoch nur 80.

Elterliche Pflicht

„Ich denke, Eltern müssen ihre Kinder auf das spätere Berufsleben vorbereiten", erklärt Hertha bei einer Tasse Kaffee in ihrem Reihenhaus. Aus demselben Grund hat die Familie damit angefangen, nur mehr schlechten Automatenkaffee zum Frühstück zu trinken und ihre Kinder mehrmals im Jahr auf sinnlose Motivationsseminare zu schicken. „Bei uns in der Pfarre machen das viele auch so."

Geld reicht nicht

Die Tochter beschwert sich: „Ich komme derzeit auf 80 Euro netto im Monat", sagt sie und zeigt uns ihren Kontoauszug. „Ich mein', ich hab' 50 Euro Fixkosten im Monat für Partyeintritte und Tschick. Da bleiben mir dann zum Leben gerade noch mal 30 Euro übrig!"

„Ich mache hier in der Familie die gleiche Arbeit wie mein Bruder und bin sogar höher qualifiziert, weil ich schon auf die Mittelschule gehe", ist Susi (14) zornig. Doch die Mutter kontert mit sachlichen Argumenten: „Ja, das stimmt, dein Bruder ist nicht so gut qualifiziert und auch nicht so zuverlässig wie du. Aber er hat eben einen Penis."

Kampfmaßnahmen

Susi selbst droht mit drastischen Maßnahmen bis hin zu einem Streik: „Ich werde das Geschirr nicht mehr abwaschen", brüllt sie am Esstisch. „Also eh alles so wie immer …", nimmt die Mutter die Drohung gelassen.

 47 608 Leser   7705 Likes

Isabella W.
… finde ich nicht o. k. Der Familie sollten alle Kinder gleich wertvoll sein, auch wenn die Gesellschaft hier nachhinkt. Und es ist nicht in jedem Beruf so, dass Frauen schlechter bezahlt werden.

Peter H.
Die Tochter tut mir leid mit so einer engstirnigen Mutter. Erziehung sollte die Gesellschaft verbessern, nicht Ungerechtigkeiten festbetonieren.

15.02.2016

„All You Can't Eat": Steirischer Wirt ärgert Veganer-Reisegruppe mit Fleischbuffet

Für den Skandal der Woche sorgt diesmal ein aufgebrachter Hotelier aus der Steiermark. Aus Zorn über die Extrawünsche einer veganen Reisegruppe aus Wien servierte der Wirt den Gästen unter dem Titel „All You Can't Eat" am Buffet ausschließlich Fleisch, um diese zu verärgern.

Hotelier verärgert

Alles begann, als die Reisegruppe dem Wirt bei der Ankunft mitteilte, dass sie keine Produkte von Lebewesen mit Gefühlen essen wolle. „Donn derfen S' oba gour nix mehr fressn!", zürnte der Wirt aus Murau. „Weil ans soug i eana, a Gemüse hout a Emotiounen. Mei Frau zum Beispü is a Gurken, mei Sohn is a fester Pflock und mei Tochter a obzwickte Bohnenstongen, oba olle drei houbn genauso Gefühle wia mia Menschen."

Als die Veganer erneut nach Tofu und Seitan verlangten und weder Hirschragout noch Eierspätzle zu sich nehmen wollten, platzte dem Wirt der Kragen. „Wir sand dou in der Steiermourk und ned in Wean! Bei uns geht's um Fressen und Gefressen-Werden."

Außerdem, so der Wirt, wisse er nicht einmal, ob Tofu in hiesigen Wäldern heimisch sei und er die von seinen Gästen verlangten Tofu-Tiere überhaupt mit seiner Jagdgenehmigung schießen dürfe.

Demütigung

„Von da an hat er uns dann einfach nur noch Fleisch serviert. Sogar zum Frühstück", berichtet ein erschütterter Veganer. „Auf dem Schild im Frühstücksraum stand groß ‚All You Can't Eat', und der Wirt meinte zu uns, das Buffet gibt's zwischen 7 Uhr und 10 Uhr und wir dürfen so oft hingehen und uns nichts nehmen, wie wir wollen."

Veganer schlagen zurück

Die zunehmende Provokation durch den Wirt sorgte auch bei der Reisegruppe für Unmut. „Ja, es stimmt, wir haben ihm dann aus Rache heimlich sein Schweinsschnitzel durch ein Tofuschnitzel ausgetauscht. Im Nachhinein tut es uns eh leid", zeigt sich ein Gast reuig. Denn als der Wirt erfuhr, dass er mittags kein Fleisch gegessen hatte, erlitt er noch an Ort und Stelle einen Nervenzusammenbruch. Mit den Worten „Muass i jetzt sterben?" wurde er schließlich vom Notarzt abtransportiert, der den Patienten noch am Unfallort intravenös mit Faschiertem versorgte.

Evakuierung

Die vegane Reisegruppe wurde noch am selben Tag mit einem Nottransport zurück in den siebten Wiener Bezirk eskortiert, um in einem Bio-Markt endlich ihren Hunger stillen zu können.

„Ich lege Wert darauf, dass ich den Bauern kenne, dessen Produkte ich esse", erzählt uns eine Frau bei der Heimreise stolz. Dass die Wienerin pro Tag mehr als 50 Euro für ihre Lebensmittel ausgibt, ist es ihr wert. „Schauen Sie, beim Essen darf man nicht sparen, und als PR-Beraterin für diverse Konzerne wie Shell, Nestlé oder Monsanto verdiene ich zum Glück auch genug, um mir so eine Lebensweise leisten zu können."

 69 656 Leser 6775 Likes

18.02.2016

Foto: Montage

Ist er so hart wie Putin? Faymann reitet Staatsgrenze auf Pony ab

So sieht echte Härte aus! Um Österreichs schärfere Linie in der Flüchtlingspolitik zu unterstreichen, reitet Werner Faymann derzeit die Staatsgrenze auf einem Pony ab. Faymann orientiert sich bei seiner jüngsten Imagetour offensichtlich am russischen Staatchef Wladimir Putin, der bereits mit einer ähnlichen Aktion für Aufsehen gesorgt hatte.

Faymanns Tag begann mit der Wahl des richtigen Ponys. Nach Konsultation mit seinen Beratern wählte er „Pony Polster", das gelockteste Pony, das seine 8-jährige Nichte Mimi im Stall stehen hat. „Wir müssen mit aller Schärfe signalisieren: So geht es nicht weiter", sagt Faymann mit entschlossener Fiepsstimme, während ihm das Pony Zuckerwürfel aus der Hand frisst.

Bei Dämmerung verirrt

Als Faymann um 17 Uhr in Spielfeld unterwegs war, wurde es jedoch dunkel und er verlor die Orientierung. Er wählte auf seinem Motorola-Handy weinend „Mutti", doch er erreichte Angela Merkel nicht, da sie Faymanns Nummer schon seit Monaten blockiert hat. Aber der Kanzler hatte Glück im Unglück: Zwei kräftige junge Männer aus Syrien halfen ihm schließlich vom Pony.

Bärenjagd

„Der für später angesetzte Termin für die Pressefotos bei der Bärenjagd steht jedoch weiterhin", bekräftigt der SPÖ-Pressesprecher. Unter dem Titel „Faymann schießt bei der Jagd einen Bären" wird der Kanzler nämlich in einem nahe gelegenen Dorf erwartet, wo er beim Frühschoppen an der Schießbude einen Teddybären erlegen soll.

Putin bleibt Vorbild

Trotz des Malheurs will Faymann sich weiterhin am kraftstrotzenden Image des russischen Präsidenten orientieren und sich wie dieser sogar in Kampfsportarten versuchen. „Ich mag auch so einen schwarzen Gürtel haben! Aber Judo ist mir noch ein bisserl zu wild. Ich hab' mich mal bei Humboldt angemeldet für ‚Schwangerschaftsgymnastik 1'", lacht Faymann und versucht, sein T-Shirt zu zerreißen, um sich mit nacktem Oberkörper zu zeigen, schafft es aber nicht und muss die Pressekonferenz entkräftet abbrechen.

 50 272 Leser 10 451 Likes

Walter P.
Heilige Sch***e, freihändig auch noch!

19.02.2016

Foto: Montage

Mexiko-Besuch: Papst erwacht in Tijuana ohne Erinnerung und mit Ehering am Finger

Aufregung rund um den Mexiko-Besuch von Papst Franziskus: Eigentlich sollte er heute im Vatikan zurück sein, doch wie sich nun herausstellte, wachte der Papst in einem Motel in der Party-stadt Tijuana auf. Ohne Erinnerung, aber mit Ehering an der Hand.

Sündiger Lebensstil als Verhängnis

„Er hat uns Mexikanern gerade noch gepredigt, wir sollen Verbre-chen und den sündigen Lebensstil aufgeben", erzählt der 15-jäh-rige Zuhälter José G. aus Tijuana. Bei der Abschiedsmesse aber dürfte Franziskus selbst der fleischlichen Lust erlegen sein.

„Im erzkatholischen Mexiko bist du als Papst natürlich der Superstar", verrät José. „Schon beim Vaterunser sind ihm die BHs entgegengeflogen." Tausende Groupies hätten laut gekreischt und stundenlang Schilder in die Höhe gehalten mit der Aufschrift „Papst, wenn du Sex haben dürftest, würde ich ein Kind von dir haben wollen".

Peinliche Beweisfotos

Obwohl der Vatikan die anschließenden Ausschweifungen des Papstes dementiert, sind inzwischen mehrere Handyvideos aufgetaucht, die zeigen, wie dieser betrunken auf der Tanzfläche einer Esel-Striptease-Show twerkt und laut „Urbi et Orbi et Party Hardy!" brüllt. Außerdem hat der Papst auf seinem offiziellen Twitter-Account die ganze Nacht hindurch Tweets abgeschickt und dabei fragwürdige Hashtags wie #CommitAllSinsTonight, #PrayWaterDrinkTequila und #PopeIsDope verwendet.

Schlimmes Pflaster

„Tijuana ist ein korrupter Sündenpfuhl. Überall Waffen, Drogen und billige Sexsklaven", verrät ein Barkeeper aus der Grenzstadt. „Der Papst hat sich hier gleich gefühlt wie im Vatikan."

Rätsel um Ehering

Noch mehr Kopfschmerzen als nach letzter Nacht könnten dem Papst aber bereits an einer anderen Front drohen: Der Ehering, den er nach dem Aufwachen an seinem Finger vorfand, dürfte kein Scherz gewesen sein.

„Ja, es stimmt, ich habe die Trauung mit einer Dame aus dem Ort vorgenommen", erklärt ein Standesbeamter gegenüber TV Mexico. „Er kann die Ehe wieder auflösen, aber sie bekommt die Hälfte." Bei einem geschätzten Vermögen der katholischen Kirche von etwa 270 Milliarden Euro könnte die 19-jährige Dame mit dem Künstlernamen Lollipop Thunderbutt bald die reichste Frau der Welt werden.

 55 671 Leser   7795 Likes

> **Kathrin K.**
> Gerade ein Paar neben uns, lesen in den Handys. Sie so: „Du, da Papst in DITSCHUANA ist angeblich überfolln worden." Er so: „Des hobns davau, die Gutmenschen. Jetzt gehen die Islamisten scho unsan Papst au."

22.02.2016

Unfassbar: Flüchtlinge erhalten kostenlose „Heute"-Zeitung

Man möchte sich an den Kopf greifen: Während österreichische Familien jeden Cent zweimal umdrehen müssen, bekommen Flüchtlinge den Luxus hinterhergeworfen. Wie jetzt bekannt wurde, erhalten Asylanten Ausgaben der *Heute*-Zeitung, ohne dafür bezahlen zu müssen. Die Meldung sorgt im Netz für einen Shitstorm.

Dreist

Unser Leser-Reporter Heinz-Christian S. schickte der Redaktion ein Beweisfoto aus einer U-Bahn-Station nahe eines Flüchtlingsheims. Zu sehen ist ein gefüllter *Heute*-Ständer, der nicht einmal von Wachleuten gesichert wird. Laut S. kommt ein Asylwerber nach dem anderen vorbei und entnimmt ein, manchmal sogar zwei Exemplare.

Ertappt

Wir begeben uns vor Ort und stellen einen Flüchtling auf frischer Tat zur Rede: Takim S. aus Syrien. Die Tat ist ihm keineswegs peinlich, im Gegenteil: „Ich lesen diese Zeitung jeden Tag", prahlt er.

„Ich jetzt wissen: Richard Lugner bald sein Präsident, aber das macht nichts, weil Zika-Virus uns alle töten." Tragische Randnotiz: Ein Freund erzählt uns, dass Takim, bevor er mit dem Lesen der *Heute* anfing, perfektes Deutsch sprach.

Kritik

Ein Integrationsexperte kritisiert die kostenlose Verfügbarkeit der Gratiszeitung scharf: „Asylwerber müssen zivilisierte Werte erfahren und Deutsch lernen. Das wird aber beides nicht gelingen, wenn sie jeden Tag diese Zeitung lesen."

Politik reagiert

Das Innenministerium deutet bereits ein Einlenken an. Noch heute soll eine Direktive beschlossen werden, laut der vor jedem *Heute*-Stand Passkontrollen durchgeführt werden. Damit dürfte die *Heute* vorerst nur gebürtigen Österreichern erhalten bleiben.

 82 579 Leser   15 558 Likes

> **Walter P.**
> Es ist tatsächlich unfassbar!!!! Die „Heute"
> eine Zeitung zu nennen.

> **Rien N.**
> Liebe Tagespresse, da ist euch ein Satz-
> zeichenfehler unterlaufen, richtig heißt es:
> Flüchtlinge erhalten kostenlose „Heute"-
> „Zeitung"!!!111!!!1 Ich hoffe, das wird man
> wohl noch sagen dürfen!!!1!!

24.02.2016

Foto: Manfred Helmer/Wiener Linien, Montage

U6 übersehen: Wien rutscht in korrigierter Lebensqualität-Studie hinter Bagdad

Wien galt jahrelang als die Großstadt mit der höchsten Lebensqualität. Damit ist es nun vorbei: Bei der Auswertung der Mercer-Studie wurde stets die U6 übersehen. Nun ist der Fehler behoben. Wien landet in der korrigierten Lebensqualität-Studie hinter Bagdad auf dem letzten Platz.

Der Grund für den Fehler: Der Mercer-Beauftragte für öffentliche Verkehrsmittel konnte sich erst jetzt aus der U6 befreien. Er war seit 2006 durchgehend zwischen Siebenhirten und Floridsdorf unterwegs und schaffte es in keiner einzigen Station, hinausgelassen zu werden.

Durch die Geruchsbelastung in der U6 glitt er zwischendurch immer wieder ins Wachkoma ab. Nach seinem Martyrium leidet er an einer schweren posttraumatischen Belastungsstörung und wird derzeit psychologisch betreut.

„A Taste of Vienna"

Das beliebte Image-Video „A Taste of Vienna" soll nun an das neue Ergebnis des Rankings angepasst werden. Damit Wien authentischer gezeigt wird, sieht man nach beeindruckenden

Bildern von Riesenrad und Stephansdom am Ende einen schwer alkoholisierten Mann, der einen ganzen Kebab in die U6 speibt.

Häupl unbeeindruckt

Bürgermeister Michael Häupl zeigt sich vom letzten Platz in puncto Lebensqualität unbeeindruckt. Die Frage, wie er die rauen Zustände in der U6 verbessern wolle, um Bagdad im nächsten Ranking zu überholen, beantwortete er mit einem kurzen „Leck mi in Oasch!".

 76272 Leser 10934 Likes

Sabine R.
Stimmt es, dass die U6 der einzig wahrhaftige Grund ist, warum der IS Wien noch nicht erobern wollte? Haben die Amis die U6 schon als Massenvernichtungswaffe eingestuft?

Erwin H.
U6, die kulinarisch-exotische Vielfalt der Aromenwelt Wiens. Oder wie wir Kenner sagen: Geh in die Lugner und nimm an Duft.

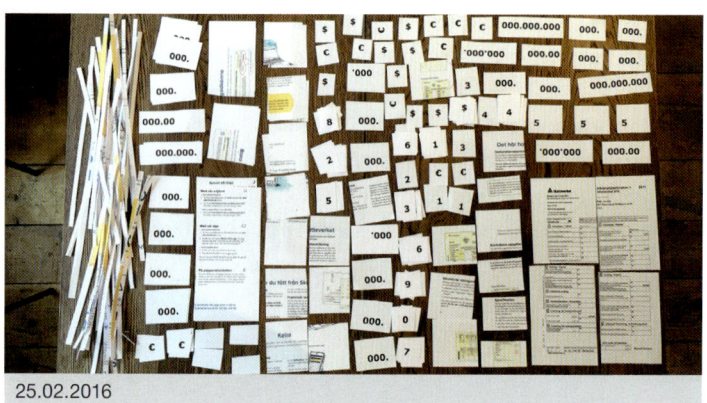

25.02.2016

Foto: Die Tagespresse

Hunderte Einzelteile: IKEA schickt Finanzamt Steuererklärung zum Selberbauen

Endlich reagiert der schwedische Möbelhersteller IKEA auf Kritik, man habe durch komplizierte Tricksereien mehr als eine Milliarde Euro Steuern vermieden. Diese Woche bekam das schwedische Finanzamt von IKEA doch noch eine Steuererklärung zugesandt – allerdings bestehend aus Hunderten Einzelteilen und zum Selbst-Zusammenbauen.

Steuererklärungs-Set „DAGÖBERT"

„Seit Jahren haben wir auf die Steuern von IKEA gewartet, heute sind sie endlich geliefert worden", erzählt ein Beamter des Stockholmer Finanzamtes. Im Karton mit der Aufschrift „Made in Luxemburg" befand sich dann allerdings keine vollständig ausgefüllte Steuererklärung, sondern das aus mehr als 100 Teilen bestehende Steuererklärungs-Set namens DAGÖBERT.

Hunderte Einzelteile

Stundenlang versuchten mehrere Finanzbeamte, die Steuererklärung zusammenzusetzen, doch obwohl am Ende sogar ihre Ehefrauen hinzukamen und Ratschläge gaben, mussten sie schließlich genervt aufgeben. „Formulare, diverse Zahlen von 1 bis 9, sogar ein Inbusschlüssel war dabei, aber irgendwas fehlte", klagt ein Finanzbeamter.

Wichtiger Bauteil nicht mitgeliefert

Nach mehrmaliger Kontrolle der Teile stellte sich heraus, dass ein wichtiger Bestandteil jeder ordentlichen Steuererklärung nicht mitgeliefert worden war. „Doch als wir bei IKEA angerufen haben, meinten die dort nur, dass der fehlende Bauteil MØRAL seit dem Jahr 2003 leider nicht mehr im Angebot ist", erklärt der Finanzbeamte resignierend.

Steuern vermeiden

Während das Finanzamt von IKEA nun fordert, die fehlenden Teile nachzuliefern, setzen andere Konzerne ihre fragwürdige Steuerpolitik weiterhin fort. „Erst im letzten Quartal hat Amazon die Steuererklärung wieder nicht rechtzeitig abgeliefert", klagt ein Steuerfahnder. „Sie haben einfach einen gelben Zettel in ihrer Briefkastenfirma hinterlegt und gemeint, wir sollen uns die Steuern doch selbst in der Karibik abholen."

 46 278 Leser  9301 Likes

David R.
Das ist fix ein Fake. Die Leute glauben den Medien auch alles …

01.03.2016

Sinkende Öleinnahmen: Dieser Scheich kann sich statt Premier-League-Club nur noch Rapid leisten

Schon seit seiner Kindheit, als er seine eigene Ölraffinerie vererbt bekam, hat Scheich al-Maktoum aus Saudi-Arabien einen Traum: Wie so viele andere Ölscheichs will er sich einen englischen Premier-League-Club kaufen. Doch jetzt macht ihm der fallende Ölpreis einen Strich durch die Rechnung: Weil die Einnahmen sinken, muss er seinen Krokodilleder-Gürtel enger schnallen und kann sich nur mehr Rapid Wien leisten.

„Man spart eben, wo man kann", verrät uns der Scheich, während er sich vom Rapid-Präsidenten durch das neue Stadion führen lässt. „Meine 28 Frauen dürfen statt in London nur mehr in St. Pölten shoppen, mein Erstgeborener kriegt zum Geburtstag statt eines coolen Kampfjets einen Eurofighter, und statt Aston Villa kauf' ich mir Rapid Wien, es ist der Wille des Allmächtigen."

Rätseln über Kaufpreis

Über den Kaufpreis wurde Stillschweigen vereinbart. Unser Redakteur beobachtet jedoch, wie der Scheich dem erfreuten Rapid-Präsidenten ein dünnes Bündel Zehn-Euro-Scheine zusteckt.

Umbauten notwendig

Einem Insider zufolge ist der Kauf jedoch an strikte Konditionen gebunden. Das Rapid-Stadion muss noch einmal umgebaut und so gedreht werden, dass es Mekka zugewandt ist. Außerdem gibt es keine Heim- und Gästesektoren mehr, sondern nur noch Männer- und Frauensektoren. Bier darf zukünftig weiterhin im Stadion angeboten werden, allerdings nur Carlsberg, da es den islamischen Regeln entspricht, weil es praktisch keinen Alkohol enthält.

Worst Case

Doch was passiert, wenn der Ölpreis weiter sinkt? Scheich al-Maktoum blickt nachdenklich und sagt: „Im Worst Case muss ich wohl drastische Maßnahmen ergreifen. Dann verkauf' ich Rapid und nehm' mir noch was Billigeres: Cashpoint Altach."

 36 488 Leser    4238 Likes

Bernd T.
SCHLEICH DICH WIEDER HEIM !!!

04.03.2016

Foto: Montage

„Gebe immer 100 Prozent": Blutspender tragisch verstorben

Zu einem tragischen Vorfall kam es gestern in der Blutspende-zentrale im vierten Wiener Gemeindebezirk: Nachdem ihm sechs Liter Blut abgezapft wurden, verstarb der 29-jährige Unternehmensberater Marcus T. an akutem Blutmangel.

Schwer verständlich
Ein sichtlich geschockter Mitarbeiter des Roten Kreuzes schildert den Medien, dass der dynamisch auftretende Mann sich permanent in einem kaum verständlichen Kauderwelsch artikulierte: „Immer wieder forderte er, er wolle seine Liquid Body Resources gerne asap als eine No-Cost-Contribution in unseren Business-Life-Cycle einspeisen, um den Non-Profit-Workflow zu optimieren. Wir dachten zuerst, er ist einfach nur geistig verwirrt."

Unter Zuhilfenahme seines Notebooks und einer einstündigen PowerPoint-Präsentation gelang es dem Unternehmensberater schließlich, zu vermitteln, dass er gerne eine Blutspende leisten würde.

Aggressiv

Nach der Ermittlung seiner Blutgruppe – B negativ – rastete der Mann allerdings aus: „Sie wollen mir reporten, dass eine meiner Core-Resources mit einem negativen Measurement-Value performt? Das ist ein absolutes No-Go! Pumpen Sie mir das gesamte Zeug quick and dirty ab!"

Nach Angaben der Polizei hielt der Unternehmensberater daraufhin die Rotkreuzmitarbeiter mit seinem Laserpointer in Schach und verweigerte strikt das Entfernen der Venenkanüle mit den Worten: „Ich gebe immer 100 Prozent! Zu diesem Approach habe ich mich proaktiv committet, also werde ich das auch diesmal delivern!"

Kurz bevor er das Bewusstsein verlor, kam Marcus T. laut Augenzeugen noch ein gequältes „Work hard, play hard" über die Lippen. Doch da war es wohl schon zu spät: „Wir konnten ihn nicht mehr retten", erklärt der diensthabende Arzt bestürzt.

Corporate Sadness

Tiefes Bedauern zeigte auch der Arbeitgeber des Opfers. „Das ist schon ein ziemlicher Backlash für unsere Brand. Er war Teil unseres Key Staff, mit unglaublichen Empowerment-Skills bei unseren Stakeholdern. Aber wir haben schon mehrere High Potentials in der Pipeline, die den Lead nun übernehmen werden", gibt sich der CEO des internationalen Consulting-Unternehmens optimistic.

 63 028 Leser   6511 Likes

Tamara F.
Wie kann er nur so dumm gewesen sein, wenn er angeblich so mega gescheit ist dann sollte er doch wissen das ein Mensch 5–7 Liter Blut im Körper hat und das er nicht 6! Liter spenden kann

Philipp S.
Heutzutage heißt es immer 110 % geben.
Aber dafür war er sich wohl zu schade.

09.03.2016

Foto: AFP PHOTO/Mandel NGAN

Wissenschaftliche Sensation: Archäologen entdecken 69-jährigen Neandertaler

Ein Sensationsfund gelang amerikanischen Archäologen diese Woche in Michigan: Mitten in einem TV-Studio entdeckten die Forscher einen vollständig erhaltenen, 69 Jahre alten Neandertaler. Die moderne Wissenschaft steht vor einem Rätsel.

US-Forscher entdeckt Neandertaler

„Als wir dieses Lebewesen im Fernsehen gesehen haben, haben bei uns gleich die Alarmglocken geläutet", erklärt US-Archäologe Dr. Trevor Roble. „Diese urzeitliche Physiognomie, das steinzeitliche Frauenbild – da war sofort klar: Dieses Wesen ist kein früher Primat mehr, aber auch noch nicht ganz Mensch."

Als Biologen dann eine der zahlreichen Speichelproben analysierten, die Trump während seiner Reden literweise absondert, bestätigte auch das Labor: Die DNA stammt eindeutig von einem Neandertaler.

Steinzeit-Verhalten

„Neandertaler sind hoch spezialisierte Urzeitmenschen, trotzdem ist der Unterschied zum heutigen Menschen auch körperlich deutlich erkennbar", präzisiert Dr. Roble und zeigt auf das frisurähnliche Haargebilde, mit dem Trump seinen für Neandertaler typischen, abgeflachten Schädel vor uns Menschen zu verstecken versucht.

Gefahr für Menschheit?

Während Dr. Robles Team über den Fund jubelt, warnen andere Wissenschaftler vor Trump. So heißt es in einem Artikel des Fachmagazins Scientific Journal for Extremely Boring Topics: „Trump könnte der Menschheit zum Verhängnis werden. Er versucht derzeit mit Brutalität und allen Mitteln, Alpha-Männchen des weltweit stärksten Stammes zu werden."

Obwohl Trump noch lebt und bei bester Gesundheit ist, setzen sich immer mehr Experten dafür ein, ihn noch diese Woche auszustopfen und ins Museum zu stellen.

Urmenschen in der Politik

Sollte der Neandertaler tatsächlich US-Präsident werden, wäre Trump aber nicht der erste Steinzeitmensch in der Politik. Bereits seit mehreren Jahren sitzt mit Christian Höbart für die FPÖ ein Höhlenmensch im österreichischen Parlament.

 42 762   11 384 Likes

> **Armin S.**
> Ich möchte an dieser Stelle höflich darum ersuchen, die Diskriminierung von Neandertalern zu unterlassen. Herzlichen Dank!

> **Benedicte P.**
> „Vollständig erhalten" ist eine Lüge, das Haupthaar ist stark in Mitleidenschaft gezogen.

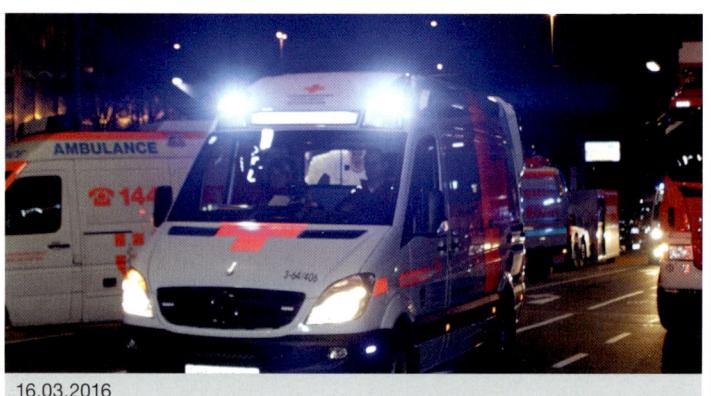

16.03.2016

Nicht glutenfrei: Hipster fällt nach Biss in normales Brot ins Koma

Tragödie mitten in Wien-Rudolfsheim-Fünfhaus: Der 25-jährige Hipster Jonas G. liegt nach einem Biss in ganz normales Brot seit heute Früh im Koma. Sein Körper war ausschließlich glutenfreies Brot gewohnt. G. wird derzeit von Spezialisten im AKH Wien ärztlich behandelt und über eine hippe Vintage-Magensonde aus dem Zweiten Weltkrieg komplett glutenfrei, vegan und histamin-frei ernährt.

Seine Freunde sind ratlos, wie es so weit kommen konnte. Sie kannten Jonas G. als ganz normalen, unauffälligen Hipster, der sich niemals zu einer Handlung wie dem Biss in stinknormales Brot hinreißen lassen würde.

Freundin schockiert

„Er hat sogar seine Chia-Samen ausschließlich von einer Bio-Kommune in Guatemala bestellt. Er hätte nie in glutenhaltiges Brot gebissen. Niemals!", sagt seine Freundin Cosma Esmeralda Pinterest (21). Die junge Kunststudentin bricht in Tränen aus. Sie lernte Jonas G. bei einem gemeinsamen Rennrad-Unfall auf der Mariahilfer Straße kennen und lieben.

Kaum Hoffnung

Die Ärzte wollen Cosma Esmeralda Pinterest keine falschen Hoffnungen machen. Ihr Freund wird wohl kein Hipster mehr sein, wenn er aufwacht. „Sein Körper wird Jahre brauchen, um das glutenhaltige Brot komplett abzubauen. Es wird ein harter Weg für den jungen Mann und alle seine Instagram-Follower", erklärt sein behandelnder Arzt.

Zerbrochene Freundschaften

Viele Freunde haben sich bereits von Jonas abgewendet. „Wenn er da rauskommt, braucht sich der Brotfresser nicht mehr bei mir melden", sagt Elias Flora Fauna (29), Kunststudent. Er habe ihn bereits auf Snapchat blockiert.

„Wir wollen nicht, dass unser Kind in der Nähe von glutenverseuchten Menschen aufwächst", ergänzt seine Freundin Helga Habakuk Bukkake (29), ebenfalls Kunststudentin. Sie wollen bald mit der öffentlichen Verbrennung von normalem Brot andere junge Menschen wachrütteln.

 67 956 Leser 14 639 Likes

Roman S.
Wenn man daran denkt, wie damals der Analogkäse verteufelt wurde … Heute kaufen Veganer dieses künstliche Zeug für viel Geld … Genial!

Philipp B.
Er beißt in ein Stück Brot. Was dann passiert, versetzt seine ganze Familie in Trauer – Heftig.

17.03.2016

Durchbruch für künstliche Intelligenz: Schachcomputer schlägt Austria Wien mit 3:1

Als Vorbereitung für die Schachweltmeisterschaft bestritt ein amerikanischer Schachcomputer erstmals ein Testspiel gegen einen Fußballverein. Obwohl der Computer einfach nur am Spielfeld herumstand, wurde das Testspiel gegen Austria Wien überlegen mit 3:1 gewonnen.

Erstes Duell mit Fußballteam

„Der Computer beherrscht fast 200 Millionen Schachspielzüge und wird bei der Schach-WM auf die intelligentesten Spieler treffen", erzählt ein Programmierer aus den USA. Aber weshalb das Duell gegen Austria Wien? „Wir wollten mal testen, wie sich der Computer auf niedrigstem Niveau schlägt, bei fast schon bizarr stupiden Spielzügen."

Aus diesem Grund wurde ein Gegner gesucht, der extrem un-überlegt spielt und bekannt ist für undurchdachtes Spielgesche-hen ohne System: „Unsere Wahl fiel natürlich sofort auf Austria Wien, deren Spieler – in der Schachsprache ausgedrückt – quasi die Bauern des internationalen Fußballs darstellen."

Elf Fußballer gegen einen Computer

Während Austria Wien in der Generali-Arena mit der Stammelf aufs Feld kam, wurden die Spielzüge des Schachcomputers von einem 49-jährigen IT-Techniker ausgeführt, der stellvertretend für den Computer den Ball trat.

Sofort nach dem Anpfiff übernahm der Computer den Ballbesitz und begann mit einem wirklich einfachen Spielzug: So als ob er am Schachfeld mit dem Bauern rausfahren würde, spielte er den Ball einfach ganz langsam schnurstracks geradeaus. Trotzdem reichte das aus, um die gesamte Austria-Verteidigung auszutricksen und in der 24. Minute das erste Tor zu erzielen.

Sieg trotz roter Karte

Mit derselben Taktik erzielte der Schachcomputer noch zwei weitere Tore. Doch in Minute 81 der Aufreger: Ein Austria-Verteidiger stand wie gewohnt das ganze Spiel über einfach starr am selben Fleck herum, ohne sich zu bewegen. Der Schachcomputer stufte ihn deshalb als Turm ein und schmiss ihn brutal um. Obwohl der Computer daraufhin mit der roten Karte vom Feld musste, gelang es Austria Wien in den restlichen zehn Minuten nur mehr ein Mal, ins leere Tor zu treffen.

Austria reagiert

„Das Spiel hat uns klar aufgezeigt: Die Zukunft gehört der Technik", musste auch Austria-Trainer Thorsten Fink eingestehen. „Wir werden die Transferzeit nutzen, um einige unserer Spieler loszuwerden und durch Duracell-Hasen zu ersetzen. Die sind billiger, besser am Ball und können sich bei den TV-Interviews eloquenter ausdrücken."

 42 346 Leser   8344 Likes

> **Benjamin F.**
> … und der prominente Analytiker für dieses Spiel, Zoki Barisic, nach dem Spiel: „Die Austria hat einfach einen rabenschwarzen Tag erwischt."

21.03.2016

Nächstes Wanda-Album in Gefahr: Songwriter (7) kündigt

Ein harter Schlag für die erfolgsverwöhnten Popmusiker von Wanda: Das 7-jährige Mastermind hinter der Band hat gekündigt. Songwriter Emil B. aus Wien-Hietzing will sich ab sofort ganz auf seine Karriere in der Volksschule konzentrieren.

Emil B. ist das unbekannte Genie hinter genialen Wanda-Textzeilen wie „Meine beiden Schwestern, ich schau dich gern von rechts an" oder „1, 2, 3, 4, es ist so schön bei dir". Doch mit dieser gefühlvollen Poesie ist nun Schluss. Wie DiE **TAGESPRESSE** erfuhr, hat der junge Texter genug von der Arroganz der Bandmitglieder.

„Besonders schlimm ist der Marco", sagt Emil. „Der tut immer so auf hart, aber in echt geht er um sieben ins Bett und speibt vor Angst, wenn ihn ein Mädchen anspricht."

Wanda-Sänger optimistisch

„Wir brauchen den Emil eh nicht. Ich bin viel genialer als er!", grölt Wanda-Frontman Marco gegenüber der **TAGESPRESSE**, zückt sein Notizbuch und beginnt zu schreiben. „Ich schau dich gern von links an … Wir saufen Wein am Balkan … Ich schlaf mit einem Pelikan … Ha! Das wird unser nächster Hit."

Emils Abgang erfolgt in einer Phase, in der die Band sich ohnehin kreativ weiterentwickeln möchte, verrät Marco: „Unser nächstes Album wird nämlich experimenteller. Da werden wir in unseren Liedern einen dritten Akkord verwenden."

Urlaub für Emil

Emil B. freut sich auf mehr Freizeit. Statt für Wanda zu schreiben, reist er in den Ferien mit seiner Tante Ceccarelli und seiner Cousine nach Bologna. „Vielleicht kann ich dort auch endlich mit meiner Cousine schlafen", erklärt Emil und hofft, dass sich die lang geplante Pyjama-Party mit ihr endlich zeitlich ausgehen wird.

 50 407 Leser   7470 Likes

> **Gabriele H.**
> endlich ist heraußen, was ich schon immer vermutet habe. danke, tagespresse, so geht aufdeckerjournalismus.

> **Christoph B.**
> War bei den Beatles ähnlich. Als das Kind, das „Ob-La-Di, Ob-La-Da" schrieb, danach gekündigt hat, ging es mit der Karriere von Lennon und Co steil bergab.

21.03.2016

Erdogan mahnt IS nach Anschlag: „Könnte Freundschaft belasten"

Scharfe Worte fand der türkische Monarch Recep Erdogan nach dem gestrigen Selbstmordanschlag in Istanbul. Er mahnte den IS und erklärte, so etwas tue man nicht unter Freunden.

Erdogan empört

„Ich habe unverzüglich den Botschafter des IS ins Außenministerium zitieren lassen", erklärte Erdogan bei einer Pressekonferenz. „Bei einer Runde Golf habe ich dann unmissverständlich klargemacht: Sollte das noch einmal passieren, könnte das mittelschwere, kurzzeitige Folgen für unsere Freundschaft haben."

Ärger

Als er von dem Anschlag erfuhr, war Erdogan eigenen Angaben zufolge so verärgert, dass er erst einmal drei kurdische Dörfer bombardieren ließ, um sich abzureagieren.

Die Pressekonferenz wurde der Einfachheit halber im Staatsgefängnis abgehalten, da sich alle Journalisten des Landes ohnehin bereits dort befinden. Für Fragen blieb keine Zeit, da der Hofgang nach Erdogans Statement vorbei war und sie gleich zurück in ihre Zellen mussten.

EU kritisch

„Ich sehe bei diesen Aussagen einige Widersprüche mit den Werten der Europäischen Union", gab sich Kommissionspräsident Juncker gegenüber Journalisten skeptisch. „Im schlimmsten Fall könnten sich die Beitrittsverhandlungen mit der Türkei sogar um zwei Wochen verschieben."

 36 611 Leser   4640 Likes

> **Alex W.**
> Bin gespannt, wann der Strache den Artikel teilt!

Foto: Die Tagespresse

23.03.2016

Jungfrauen sind aus: Selbstmord-attentäter bekommen nur mehr 72 Taschentücher und einen Porno

Schlechte Nachrichten für alle Terroristen: Wegen des zu starken Zustroms von Selbstmordattentätern in den letzten Jahren sind dem Paradies nun die Jungfrauen ausgegangen. Daher bekommt jeder Neuankömmling ab sofort nur 72 Taschentücher und einen Pornofilm überreicht.

Nur temporär

„Dabei handelt es sich jedoch nur um eine vorübergehende Not-maßnahme", beschwichtigt IS-Chef al-Baghdadi bei einem Kaf-fee mit der **TAGESPRESSE**. „Der Porno ‚Allahu Fuckbar' ist auch wirklich sehr hochwertig und in HD, der Märtyrertod lohnt sich auch weiterhin, versprochen."

Kritik

Doch unter Betroffenen sorgt die Meldung für Unmut: „Ich hab' mir das Paradies anders vorgestellt, als mir einen runterzuholen auf so ein Beach-Girl aus Florida, das einen Bikini mit der US-Flagge drauf trägt", beschwert sich Attentäter Khalid über den amerikanischen Erotikfilm, der ihm als einzige Ablenkung bleibt.

Islamische Gelehrte zeigen sich über die Maßnahme im Paradies wenig erfreut: „Pornografie ist doch laut Koran verboten. Kein Moslem sollte derart schmutzige und verkommene Filme ansehen, die Geist und Seele verunreinigen", erklärt auch ein Imam, während er sich die neuesten Enthauptungsvideos aus dem Kalifat auf seinen Computer lädt.

Rechtfertigung

Mit der Kritik konfrontiert, wiegelt der IS-Kalif al-Baghdadi jedoch ab: „Ja, der Koran verspricht 72 Jungfrauen. Aber man muss bitte schon auch das Kleingedruckte beachten: ‚Solange der Vorrat reicht.'"

Kompromiss

Dennoch arbeitet man im Paradies unterdessen an einer Notlösung: „72 Jungfrauen wird man zwar so schnell nicht auftreiben können, aber wir versuchen, für die zukünftigen Märtyrer zumindest 72 dicke, alte Cousinen der bisherigen Jungfrauen aufzutreiben."

 86 746 Leser  10 666 Likes

Patrick J.
Mit dem Glauben ist's wie mit einem Penis: Schön, wenn du einen hast, schön, wenn er groß ist, unschön, wenn du ihn in der Öffentlichkeit auspackst und jedem unter die Nase hältst.

Ada D.
Das ist doch wohl eine Frechheit! Gegen eine Religion zu hetzen ist absolut nicht lustig!

25.03.2016

Foto: Photographee.eu/Fotolia

Überdosis Globuli: Homöopath überlebt zehnten Selbstmordversuch

Das war knapp! Der Arzt und Homöopath Thomas L. (41) wollte sich durch eine Überdosis Globuli sanft und nebenwirkungsfrei das Leben nehmen. Wie schon bei neun Selbstmordversuchen davor scheiterte er aber auch diesmal. Er ist wohlauf.

„Ich weiß nicht, warum es wieder nicht geklappt hat", sagt Thomas L. im **TAGESPRESSE**-Gespräch. „Vielleicht habe ich die richtigen einfach noch nicht gefunden." Er bleibt optimistisch: „Es kann natürlich sein, dass die Wirkung erst später einsetzt. Das ist für Homöopathie normal."

Die Hoffnung hat er noch nicht aufgegeben. Immerhin gab Thomas L. im letzten Monat mehrere Tausend Euro für Beratungsgespräche mit anderen Homöopathen aus.

„Ärzte mit Grenzen" ratlos

Im Homöopathen-Branchenblatt *Ärzte mit Grenzen* erschien bereits eine Untersuchung des Falls Thomas L.: „Diese Krankengeschichte ist ungewöhnlich. Die für Homöopathie typische Erstverschlimmerung ist zwar eingetreten – Patient L. fühlte sich leicht müde –, aber er hat trotz einer 300-fachen Hochpotenzierung überlebt." Manche Homöopathen gehen von einer medizinischen Sensation aus: dem ersten unsterblichen Menschen.

Optimistisch

Thomas L. will sich bei seinem Suizid nicht mehr nur rein auf Homöopathie verlassen. Er plant, in seinen nächsten Versuch auch die alternativmedizinischen Schüßler-Salze einzubauen, um nichts dem Zufall zu überlassen. Außerdem kaufte er bei einem Experten für Traditionelle Chinesische Medizin sehr potente Gewürze aus einem Wiener China-Buffet im Wert von 700 Euro.

An die „Schulmedizin" glaubt Thomas L. weiterhin nicht: „Ich bin doch nicht lebensmüde. Schulmedizin kommt mir bei meinem Selbstmord nicht in den Körper."

 80 349 Leser   15 653 Likes

Annika B.
Kein Wunder, dass der Selbstmordversuch nicht geklappt hat. Homöopathie beruht auf dem Prinzip „Weniger ist mehr". Deshalb sollte er lieber eine Unterdosis nehmen, das heißt ein Globuli in 5 Liter Wasser lösen und davon einen Tropfen nehmen. So klappt es sicher!

Stefan G.
Als richtiger Alternativ-Mediziner hätte er gewusst, dass die Wirkung der Globuli erst spät einsetzt. Ich schätze aufgrund der eingenommenen Menge, dass der Tod bald einsetzen wird. Aber spätestens in 70 Jahren.

30.03.2016

„Dort gibt's viel mehr Jungfrauen": IS-Terrorist inskribiert sich an der TU Wien

Schon seit Beginn seines Dschihad träumte der IS-Kämpfer Khalid al-Bakr (21) von den 72 Jungfrauen im Paradies. Doch jetzt legt er den Sprengstoffgürtel ab und inskribiert sich an der TU Wien für das Bachelorstudium Maschinenbau. Denn dort soll es der Legende nach deutlich mehr Jungfrauen geben.

Süße Verheißung

Seine Erleuchtung kam eines Nachts, als ihm ein IS-Kollege aus Österreich beim Lagerfeuer vom magischen Ort am Karlsplatz erzählte: „‚Zahllose willige Jungfrauen, so weit das Auge reicht. Und alle sind völlig unberührt und rein.' Ich wusste sofort: Ich will nicht ins Paradies, sondern nach Wien."

Erste Bilanz

Wir treffen Khalid an seinem ersten Uni-Tag bei der Nudelbox vor dem TU-Hauptgebäude, direkt nach seiner ersten Vorlesung „Sauschwere Mathematik-Methoden, die Sie eh nie wieder brauchen, außer zur Prüfung". Sein Ersteindruck ist gemischt: „Der ganze Hörsaal war voller Männer. Ich vermute, die Frauen wissen von der Ankunft eines tapferen Kriegers und spielen mit mir ‚hard to get'."

Andere TU-Studenten skeptisch

„Der hat uns gerade noch gefehlt", zeigt sich Mitstudent Herbert (19) über den Neuzugang aus Syrien verärgert. „Jetzt ist der Konkurrenzkampf um die vier Frauen auf der TU noch härter. Und der Khalid hat auch bessere Karten als wir, weil er schon einen Bart hat."

Rauswurf nicht möglich

Der TU-Leitung sind eigenen Angaben zufolge die Hände gebunden: „Herr al-Bakr erfüllt alle Erfordernisse und hat daher einen Rechtsanspruch auf das Studium", bestätigt ein Sprecher auf Anfrage. Jedoch hat sich Khalid bereits für „Mathematik 1" angemeldet. „Wir gehen davon aus, dass er an dieser Prüfung wie die meisten anderen Studenten scheitern und an die WU wechseln wird."

 99 615 Leser 9842 Likes

Victor R.
Bin gespannt, wie viele morgen an die „Heute"-Zeitung schreiben und sich aufregen.

Christine D.
Darf das „wahr" sein? Wenn schon bekannt ist, dass er IS-Terrorist ist, gehört er zurück in seine Heimat und dort kann er die 72 Jungfrauen suchen und studieren.

08.04.2016

Foto: Johannes Zinner/bildstrecke.at, Sylvie Bouchard, Montage

Besserer Verdienst: Alle U6-Securitys binnen 48 Stunden auf Drogenhandel umgestiegen

Eigentlich sollten seit Mittwoch mehrere Securitys mit Hunden auf der Linie U6 den grassierenden Drogenhandel zurückdrängen. Doch nur 48 Stunden nach Beginn der Aktion fehlt von allen Mitarbeitern jede Spur. Recherchen der **TAGESPRESSE** bringen jetzt Überraschendes ans Licht: Offenbar sind sie selbst alle auf den wesentlich lukrativeren Drogenhandel umgestiegen, statt ihn zu verhindern.

Während der **TAGESPRESSE**-Recherche bei der U6-Station Burggasse fällt ein etwa 20-jähriger, ungewöhnlicher Dealer auf, der mit einem Wachhund unterwegs ist. Er packt anonym aus: „Ja, vor zwei Tagen war ich noch Security in der U6. Aber das war alles die Idee von meinem Vorgesetzten!", sagt er und zeigt auf den Rottweiler neben ihm.

Gucci und Armani

Die Geschäftsidee kam ihm schon wenige Minuten nach Dienstbeginn: „Wir hatten gerade einen Typen wegen Drogenhandels ermahnt. Da hab' ich bemerkt: Hey, das ist ja ein alter Kumpel von mir! Und er hat uns versprochen: Wenn wir bei ihm mitarbeiten, können wir uns bald mehr gefälschte Gucci-Gürtel und Armani-Jeans leisten, als wir uns vorstellen können."

Start-up-Atmosphäre

Der ehemalige Security schätzt an seiner neuen Arbeit vor allem das Umfeld: „Ich finde diese Start-up-Atmosphäre hier toll. Flache Hierarchien, schnelle Aufstiegsmöglichkeiten, sehr international, ein junges Team." Sein Abteilungsleiter, Nbongo aus Nigeria, ist beispielsweise erst 16 Jahre alt. Außerdem helfe ihm der regelmäßige Marihuana-Konsum dabei, seine extremen Aggressionen und Komplexe zu kontrollieren, die ihn damals in den Security-Beruf gebracht hatten.

„Mir wurscht"

Unter den U6-Passagieren wird die Nachricht gleichgültig aufgenommen: „Mir wurscht", meint eine ältere Dame. „Securitys oder Drogendealer, die kann ich ohnehin nicht auseinanderhalten. Und geändert hat sich durch die doch auch nichts. Wer nicht bereit ist, zu sterben, der ist nicht bereit für die U6."

 51 732 Leser 9368 Likes

Anna D.
Wer nie in der U6 saß – waß an Schaß – wart's ab – in absehbarer Zeit wird die U6 zum Weltkulturerbe erklärt.

Philipp L.
Ich mach jetzt den Dealer bei Humboldt.

DiE**TAGESPRESSE**
– exklusiv –

„Man kann Gott ruhig mit mir vergleichen"

12.04.2016

Foto: Juerg Christandl/ / KURIER / picturedesk.com

Erwin Pröll
im Interview

Für viel Verwunderung sorgte Erwin Pröll in den vergangenen Tagen. Niederösterreichs Landeshauptmann versetzte mit seinen Personalrochaden die ganze Volkspartei in Aufruhr. Im **TAGES-PRESSE**-Interview erklärt er die Hintergründe.

DiE**TAGESPRESSE:** *Herr Landeshauptmann Dr. Pröll,*
Sie haben –
Erwin Pröll: Also bitte, wir müssen hier doch nicht so förmlich
bleiben. Nennen Sie mich einfach „Eure Exzellenz".

Also gut, Eure Exzellenz. Sie haben dieses Wochenende Mikl-Leit-
ner nach St. Pölten und Ihren langjährigen Weggefährten Sobotka
nach Wien beordert. Welches Kalkül steckt da dahinter?
Die Wege des Herrn sind unergründlich.

Aber dieses Bibelzitat bezieht sich auf Gott, ein allmächtiges
Wesen. Die Personalentscheidung haben ja Sie getroffen?
Und damit haben Sie sich Ihre Frage auch schon selbst beant-
wortet.

Ist es nicht etwas, na ja, ungewöhnlich, sich mit Gott zu
vergleichen?
Ich weiß, der Vergleich mag auf manche unausgewogen, ja, sogar
krass wirken. Aber man kann Gott ruhig mit mir vergleichen. Er
hat bestimmt auch schon viel Positives erreicht und muss einen
Vergleich mit mir nicht scheuen.

Warum entsenden Sie ausgerechnet Wolfgang Sobotka ins öster-
reichische Zentrum der Macht?
Wie? Von dort habe ich ihn ja weggeschickt, und zwar nach Wien.
Bitte recherchieren Sie besser.

Sobotka hat als Finanzlandesrat eine Milliarde Euro verspekuliert.
Haben Sie ihn deswegen jetzt nach Wien verbannt?
Nein, das ist falsch. Ich habe ihn nicht verbannt wegen dem, was
er getan hat. Sondern wegen dem, was er als Nächstes tun wird.

In Wien kann er doch viel mehr Schaden anrichten.

Ganz im Gegenteil. Wenn er als Innenminister mit den Flüchtlingen so umgeht wie mit Steuergeld, haben wir im nächsten Jahr statt 300000 Flüchtlingen genau null. Und überhaupt, der Sobotka wird dort gar nicht auffallen. 50 Prozent der Regierungsmitglieder sind offen gesagt ohnehin Fehlbesetzungen.

Das ist ein hartes Statement für einen Landeshauptmann.
Wollen Sie das nicht vielleicht zurücknehmen?

Na gut, na gut. 50 Prozent der Regierungsmitglieder sind keine Fehlbesetzungen.

Mikl-Leitner soll Gerüchten zufolge Ihre Nachfolgerin werden.
Stimmt das?

Dazu kann ich noch nichts sagen. Nur so viel: Mikl-Leitner verfügt ohne Zweifel über das erforderliche Profil, um mein Amt zu übernehmen und das Land so weiterzuführen, dass sich in zwei Jahren alle nach mir zurücksehnen werden.

Die Personalrochade pfuscht ÖVP-Kandidat Andreas Khol in den Wahlkampf. Glauben Sie, das kann seine Chancen auf die Hofburg senken?

Das wäre mir neu.

Das sagen zumindest viele Experten.

Nein, ich meinte, mir wäre neu, dass Khols Chancen auf die Hofburg überhaupt noch weiter sinken können. Mathematisch gesehen.

Warum haben Sie nicht selbst als Bundespräsident kandidiert?

Wissen Sie, ich bin als Landeshauptmann sehr zufrieden und war nicht bereit für einen beruflichen Abstieg. Außerdem habe ich so mehr Zeit für meine Kinder.

Ihre Kinder sind doch schon erwachsen.
Ja, genau. Die.

Danke für das Gespräch.

 67 537 Leser 7160 Likes

Peter W.
Was bildet sich der ein! Es ist unglaublich!
Dieser überhebliche …!

Toni G.
Es erhebt sich jetzt ernsthaft die Frage,
wer in Österreich wirklich der Vizekanzler
ist und wie es möglich sein kann, dass
ein einfacher Landeshauptmann eines der
9 Bundesländer die Bundesregierung so
einfach umbauen kann …???

Arnold F.
Oh Gott, was die Österreicher/innen
alles über sich ergehen lassen müssen …
tragisch, tragisch … Der ÖVP Diktator
kann's nicht lassen …

13.04.2016

Foto: Pixabay/Montage

Respekt vor dem Gesetz: TAGES-PRESSE zeigt zugespieltes Sex-Tape mit Erdogan und Ziege nicht

Treibt der türkische Premier Erdogan Unzucht mit Ziegen? Das behauptete jedenfalls der deutsche Satiriker Jan Böhmermann in einem Schmähgedicht, mit dem er die Grenzen der Satire aufzeigen wollte und weswegen jetzt sogar gegen ihn ermittelt wird.

Ein der **TAGESPRESSE** zugespieltes Sex-Tape, das Erdogan und eine Ziege zeigt, könnte Böhmermanns Vorwürfe nun sogar bestätigen. Doch um nicht in dieselben rechtlichen Schwierigkeiten wie er zu geraten, sieht die Redaktion von einer Veröffentlichung ab. Die Existenz des Videos mit dem Dateinamen „ankara_deepgoat.avi" kann nicht einmal bestätigt werden, da dies den Tatbestand der Rufschädigung erfüllen würde.

Seriöser Journalismus statt Krawall-Satire

„Wir sind ein seriöses Medium und haben Respekt vor dem Gesetz", stellt der Chefredakteur der **TAGESPRESSE** klar. „Daher werden wir keine solchen Anschuldigungen machen wie andere Kollegen der Medienbranche. Das wäre gesetzwidrig und obendrein völlig geschmacklos."

Deshalb wird das zwölfminütige Video, in dem Erdogan angeblich einer Ziege ins Ohr hauchen soll, er werde sie „härter rannehmen als ein kurdisches Dorf", unter Verschluss gehalten. „Denn das würde ganz klar zu weit gehen. Das entspricht nicht mehr unserer Funktion als seriösestes Medium Österreichs."

Aufatmen für Böhmermann

Der Amateur-Porno des türkischen Präsidenten hätte die Faktenlage wohl zugunsten Böhmermanns beeinflussen können. Immerhin ein kleiner Lichtblick für Erdogan: Recherchen der **TAGESPRESSE** ergaben, dass zumindest die Anschuldigung „Fellatio mit hundert Schafen" aus Böhmermanns Schmähgedicht derzeit nicht bestätigt werden kann.

Wie Erdogan zu Fellatio mit Ziegen steht, kann man in dem Video in mehreren Szenen angeblich sehr deutlich sehen, von denen DiE**TAGESPRESSE** aber aus journalistischen und strafrechtlichen Gründen nicht berichtet, da sie unter „Schmähkritik" fallen würden.

 81 811 Leser   9576 Likes

> **Raphael Z.**
> Die gezeigten Sado-Määähso-Praktiken – wie Deepgoating – sind auch wirklich nichts für schwache Nerven.

> **Stefan G.**
> Lesen Sie morgen: „Tagespresse" wird von Ziege wegen Rufschädigung verklagt.

14.04.2016

Foto: BillionPhotos.com/Fotolia

Student (35) ruft Polizei, weil lärmende Nachbarn ihn schon um 13 Uhr aufwecken

Seit Wochen kann der Wiener Student Andreas T. (35) nicht mehr ausschlafen, da seine Nachbarn ihn täglich um etwa 13 Uhr durch Lärm aufwecken. Nun sah sich der Student gezwungen, die Polizei wegen Lärmbelästigung einzuschalten.

Tägliche Lärmbelästigung

„Es ist jeden Tag der gleiche Wahnsinn", klagt der müde Student, als wir ihn in seiner WG besuchen. „Sie waschen Wäsche und reden laut! Um 13 Uhr! Jeder normale Mensch schläft um diese Uhrzeit auf der Couch still und leise seinen Rausch aus."

Polizei als letzter Ausweg

Seine Mitbewohner und er wollten nicht gleich die Polizei rufen, sondern zuerst einmal mit dem Besen nach oben klopfen: „Aber der Besen ist im Keller und irgendwie haben wir es seit drei Monaten nicht geschafft, ihn zu holen, obwohl wir sogar schon einen eigenen Besenholplan für die WG ausgearbeitet haben."

Die Polizei zu rufen, um für Ruhe zu sorgen, war für Andreas der letzte Ausweg: „Als Schichtarbeiter brauche ich den

Schlaf. Ich arbeite ja fünf Nächte die Woche in verschiedenen Clubs als Partytiger."

Nachbarn wehren sich

Die beschuldigten Nachbarn in der Wohnung darüber wehren sich und drehen den Spieß nun um: „Studenten schlafen lange – schön und gut, das respektieren wir auch gerne. Aber weshalb muss der Mieter unter uns denn so lange schlafen? Der Typ ist ja gar kein echter Student, sondern nur an der Hauptuni!"

Problem seit heute gelöst

Eine Lücke im Gesetz sieht die Nachbarn ohnehin im Recht, wie ein Polizist vor Ort erklärt: „Im Gesetz steht, dass ein orts-übliches Maß an Lärmbeeinträchtigung erlaubt ist." Da sich die Wohnung in Wien-Meidling befindet, sind dort bis zu 200 Dezibel laute Geräusche ganz normal und also ortsüblich, da sie sich harmonisch in die etwa 600 Dezibel laute Geräuschkulisse der Umgebung einbetten.

 54 507 Leser   8390 Likes

Stefan G.
Ein echter Student steht um Punkt sieben Uhr auf! Um acht macht ja schließlich der Spar zu.

Walter P.
Dieselben intoleranten, rücksichtslosen Spießer hetzen ihm vermutlich regelmäßig die Exekutive auf den Hals, wenn ihn wieder mal die Muse küsst und er um 2 Uhr voll inspiriert die E-Gitarre würgt.

HEAST OIDA! WACH AUF

ATV
Täglich von 11:00 – 14:00

14.04.2016

Foto: Fotolia/Montage

„Heast Oida! Wach auf": ATV startet zielgruppenkonformes Frühstücksfernsehen

Der Kampf der heimischen TV-Sender um morgendliche Marktanteile nimmt Fahrt auf: Nach „Café Puls" auf PULS 4 und „Guten Morgen Österreich" im ORF kündigt nun auch ATV ein eigenes Frühstücksfernsehen an. Die Sendung mit dem Namen „Heast Oida! Wach auf" soll ab Mai täglich von 11 bis 14 Uhr ausgestrahlt werden.

Harter Konkurrenzkampf

Wie man der Konkurrenz Paroli bieten will, erläutert ATV-Boss Martin Gastinger: „Sendezeit und Inhalte richten sich ganz gezielt an die riesige Gruppe unserer werbeirrelevanten Stammseher. Also hauptsächlich an Baumschulabbrecher mit viel Tagesfreizeit, die sich durch jahrelangen Dauerkonsum unserer Inhalte ein hohes Maß an Apathie und Stumpfsinn gepaart mit sozialer Verwahrlosung erworben haben."

Punkten mit Themenvielfalt

Die Zuseher erwartet ein bunter Mix aus Service, Information und Lifestyle, mit Beiträgen wie „Gesund in den Tag: Leckere

Frühstücksrezepte mit Red Bull und Marlboro", „Teenager-Mütter und ihre Verhütungstipps" oder „Gut angezogen durch den Frühling – Jogginghosen-Trends powered by KiK".

Bekanntes Gesicht

Als Moderatorin für „Heast Oida! Wach auf" konnte man bei ATV eine alte Bekannte gewinnen: nämlich Tara von „Saturday Night Fever". Vor der Vertragsunterzeichnung musste sich Tara jedoch einem speziellen Training unterziehen: „Mit ihrem Wortschatz von 150 Wörtern kommt sie für unsere Seher viel zu intellektuell rüber." Daher wurde sie auf 75 Wörter heruntertrainiert.

 54 482 Leser   7872 Likes

> **Andreas W.**
> Mit Nebenrubriken wie „Wien-Favoritens Next Topmodel", „Das Durchschnitts-talent", „Couching Stars" und „Bauer sucht Sau"!

> **Markus U.**
> Dafür steh ich gerne eine Stunde früher auf.

22.04.2016

Foto: Felix König/Wikipedia, Montage

Alle Sehenswürdigkeiten der Stadt: Linz bietet Touristen zweiminütige Stadtrundfahrt

Der Tourismus in Linz hatte es immer schon schwer. Doch ein neues Angebot der Stadtverwaltung soll jetzt für frische Impulse sorgen: Mit einer Busrundfahrt können Touristen alle Sehenswürdigkeiten der Stadt abfahren. Die Rundfahrt ist in nur zwei Minuten vorbei.

Die Touristen werden direkt mit dem Bus vom Alten Dom am Hauptplatz abgeholt. Von dort führt die Fahrt zur vierzig Meter entfernt gelegenen Säule der Dreifaltigkeit, wo der Bus drei Runden dreht, ehe er zum Dom zurückkehrt.

Audioguide

Allen Fahrgästen steht am Sitzplatz ein Audioguide in zwölf Sprachen zur Verfügung, der perfekt auf die Bedürfnisse von Linz-Touristen zugeschnitten ist: Anstatt Wissenswertes über die beiden Sehenswürdigkeiten zu hören, erfahren die Besucher den schnellsten Weg zurück zum Hauptbahnhof.

Touristen erfreut

Bei der ersten Fahrt treffen wir auf Hertha und Wilhelm, ein älteres Ehepaar aus Deutschland. „Für uns ist das praktisch. Wir feiern dieses Wochenende unseren 49. Hochzeitstag", erklärt uns Wilhelm. „Daher wollten wir etwas ganz besonders Unbesonderes unternehmen. Nächstes Jahr zur goldenen Hochzeit fahren wir dann in eine viel aufregendere Stadt: Amstetten."

Bürgermeister erfreut

„Mit diesem Service können wir die in den kommenden Monaten erwarteten fünf Touristen bestmöglich bedienen", erklärte Bürgermeister Luger. Sein Optimismus ist nicht unbegründet: Einer neuen Umfrage zufolge würden vier von fünf Besuchern eine Reise nach Linz ihren Feinden weiterempfehlen.

„Und wenn uns jeder dieser vier Touristen, sagen wir, je drei Feinden weiterempfiehlt, kommen im nächsten Jahr schon zwölf", frohlockt der Bürgermeister. „Bei dem Wachstum können wir in 15 Jahren über 14 Millionen Gäste erwarten."

 41 733 Leser 8151 Likes

Herbert M.
Passt gut dazu: Das barocke Salzburg wurde von Italienern erbaut. Hätten es die Salzburger selbst erbaut, wäre bestenfalls Linz daraus geworden.

Erwin H.
Linz in 2 Minuten ist nur ohne Autostau möglich. Und dieses Szenario habe ich noch nie erlebt!

25.04.2016

Foto: Pixel-Mixer/pixabay.com, Montage

Nach der Wahl: Meinungsforscher müssen wieder zurück nach Schönbrunn

Jahrelang arbeitete ein Dutzend Schimpansen aus dem Tiergarten Schönbrunn für österreichische Meinungsforschungsinstitute und durfte die Wahlprognosen im Auftrag von Zeitungen und Parteien erstellen. Nun jedoch müssen die Schimpansen „Gallup", „Sora" und Co wieder zurück ins Gehege.

„Brav, gut gemacht, da, nimm eine Banane, die hat dir immerhin die SPÖ bezahlt für die letzte Umfrage", sagt ein Pfleger und geleitet einen Schimpansen zurück in sein Gehege, der seit 2011 für die SPÖ und SPÖ-nahe Zeitungen Umfragen erstellt hat. „Klar, seine Ergebnisse waren nicht immer punktgenau und hatten eine kleine Schwankungsbreite von 100 Prozent, aber niemand interessiert sich am Tag nach der Wahl noch für das Wahlergebnis. Was dann wieder zählt, sind die nächsten Umfragen, Woche für Woche immer nur Umfragen."

Dass die Schimpansen immer wieder gebucht wurden, lag daran, dass sie in der Szene gut vernetzt waren, wie ein Insider berichtet: „Einer der Schimpansen ging immer essen mit den ÖVP-Politikern, ein anderer Fußball spielen mit dem ORF-Chef, und dieser Schimpanse da drüben ist der Cousin von Wolfgang Fellner."

Nach einiger Kritik müssen die Schimpansen nun jedoch zurück in den Zoo. Führende Institute wie OGM, SORA und Gallup haben aber bereits neue Konzepte und versprechen mehr Treffsicherheit: „Für die Stichwahl in einem Monat haben wir in einem rumänischen Obdachlosenbordell drei blinde Kaffeesudleserinnen gefunden, die machen jetzt alle Prognosen für uns."

 53 172 Leser 14 031 Likes

Kalle S.
Scheiße, die benutzen denselben Laptop wie ich, was soll mir das jetzt sagen …

25.04.2016

Foto: Georges Schneider/picturedesk.com, Montage

Männlich, ohne Ausbildung, keine Perspektive: Wird Faymann nach seiner Absetzung FPÖ-Wähler?

Nach dem gestrigen Wahldebakel werden einmal mehr Stimmen laut, die eine Absetzung von Kanzler Werner Faymann fordern. Doch könnte dieser Schritt am Ende die FPÖ stärken? Davor warnen jetzt mehrere Experten. Denn Faymann entspricht statistisch gesehen einem klassischen FPÖ-Wähler und könnte der Partei eine weitere Stimme bringen.

„Faymann ist männlich, hat keine Ausbildung, und ist am Arbeitsmarkt chancenlos", warnt Extremismus-Experte Klaus Müller. „Dazu kommen sein begrenzter Horizont und seine Unfähigkeit, komplexe gesellschaftliche Prozesse zu verstehen."

Verliert Faymann seinen Arbeitsplatz, könnte er den Glauben an das System verlieren und desillusioniert den vermeintlich einfachen Lösungsansätzen der Rechten verfallen, ist Müller überzeugt.

Bedenkliches Facebook-Posting

Bedeutet eine Absetzung Faymanns tatsächlich eine weitere Stimme für die FPÖ? Einer seiner vier Facebook-Freunde, der anonym bleiben will, ließ uns einen Screenshot von Faymanns jüngster Statusmeldung zukommen, die die Alarmglocken schrillen lässt:

Werner Faymann 😡 wütend.
2 Min

wegen den flüchtlingen verlier ich vieleicht bald meinen job!!! EINE
SAUEREI!!!!11 wann reagiert die politiek??!! ÖSTERREICH ZUERST

👍 Gefällt mir   💬 Kommentieren

Kommentieren ...

Entwarnung

Doch ein ranghoher SPÖ-Funktionär beruhigt: „Wir lassen einen sozialen Härtefall wie den Werner doch nicht im Stich", beschwichtigt er. „Das wäre ja ein Verrat am wichtigsten Grundprinzip der Sozialdemokratie: ‚Für jeden Pfosten einen Posten.'"

Bleibt zu hoffen, dass es sich bei dieser Ankündigung nicht wieder nur um ein Lippenbekenntnis handelt. Denn wenn nach den SPÖ-Wählern jetzt auch die Funktionäre zur FPÖ überlaufen, bleibt womöglich niemand mehr übrig, der nach Straches Wahlsieg im Jahr 2018 betroffen in die Kamera sagen kann: „Wir haben unsere Arbeit nicht richtig kommuniziert."

 135 514 Leser   15 255 Likes

> **Patriot24**
> Die hezze gegen brafe patrioten niemmt
> wiede seinen lauf !! typisch für das links-
> linke da swo nicht velieren kann !!!!

> **Michaela F.**
> Ach, da gibt's was Besseres für ihn,
> Abendmatura und Fernstudium bei
> Humboldt, den Rest des Tages macht er
> das, was alle angehenden Akademiker zu
> tun pflegen, er geht demonstrieren.

27.04.2016

Foto: Revierfoto/Action Press/picturedesk.com

Keine Registrierkasse: Cobra stürmt Würstelstand

Österreichs Straßen sind wieder ein wenig sicherer. Denn seit gestern befindet sich der Schwerverbrecher Franz Z. (56) endlich in Haft. Der Kriminelle betrieb seinen Würstelstand „Franzi's Biereck" monatelang ohne Registrierkasse. Durch einen Zugriff der Spezialeinheit Cobra konnte ihm jetzt das Handwerk gelegt werden.

Filmreif

Die Szenen, die sich gestern am frühen Abend in Wien-Simmering abspielten, hätten auch einem Hollywood-Drehbuch entstammen können. Dutzende schwerbewaffnete Beamte stürmten den fünf Quadratmeter großen Stand. Der Besitzer konnte durch gezielte Beinschüsse schnell überwältigt werden.

Schock-Fund

Die Festnahme erfolgte offenbar in letzter Sekunde: Am Grill stellten die Beamten sieben Käsekrainer mit einem Straßenverkaufswert von 14 Euro sicher, die Franz Z. offenbar an Abnehmer weitergeben wollte, ohne den Verkauf zu registrieren. Hinter dem Stand fand die Polizei außerdem zwei Alkoholleichen.

Der Aktion gingen jahrelange Ermittlungen voraus. Kontrolleure des städtischen Marktamts observierten den Stand und kamen tagtäglich vor, während und nach ihrer Arbeit auf ein Bier vorbei.

Nachbarn schockiert

„Ich kann es gar nicht fassen", meint Franz Z.s langjährige Gemeindebau-Nachbarin Hertha T. (66) gegenüber der **TAGES-PRESSE**. „Er war ruhig, unscheinbar und hat immer freundlich gegrüßt. Ich weiß auch nicht, wie er dazu fähig sein konnte."

Vernehmung

Der Verdächtige wird zur Stunde von Beamten des Finanzamts, der Kriminalpolizei und des Verfassungsschutzes verhört. Schon bald soll ihm der Prozess gemacht werden. Bleibt zu hoffen, dass der Richter ein hartes Urteil sprechen wird, damit Franz Z. lange über seine Tat nachdenken kann.

 72 126 Leser 15 259 Likes

Lukas T.
Endlich wieder einer dieser skrupellosen würstchenbrater aus dem verkehr gezogen, wurde ja auch zeit!!! Gaunerpack, auf kosten des kleinen mannes!!

Evi M.
Bitte, bringt's die Regierung nicht auf dumme Gedanken!

28.04.2016

Foto: ORF/Thomas Jantzen

Hofer wirbt um linke Wähler: „Würde einen Kanzler Strache nicht angeloben"

Der Stichwahlkampf kommt in Fahrt. Die beiden verbliebenen Präsidentschaftskandidaten kämpfen beherzt um die Wähler der Mitte. Für Aufsehen sorgt jetzt ein Vorstoß des FPÖ-Kandidaten Norbert Hofer: Er würde Heinz-Christian Strache nicht zum Kanzler angeloben.

„Also, ich hab' mir das noch mal genau überlegt und bin zum Entschluss gekommen, das wäre keine gute Idee", erklärt er im Interview mit dem ORF. Auf die Gegenfrage, ob er Strache stattdessen zum Führer angeloben würde, meint er nur kryptisch: „Herr Strache wird sich noch wundern, was alles möglich ist."

Kuschelkurs

Hofer zeigt sich von einer bisher ungekannten Seite. Während des Gesprächs streichelt er liebevoll seinen deutschen Schäferhund und bekennt: „In meinem Herzen bin ich ja eigentlich ein bisschen ein Linkslinker. Ich habe sogar mal auf Ö3 ein Bob-Marley-Lied gehört und dabei mit meinem Fuß mitgewippt."

Ist Norbert Hofer gar ein sympathischer Mann der Mitte? Noch vor wenigen Wochen bezeichnete er seinen Gegenkandidaten

Van der Bellen als faschistischen Diktator. Hofer fühlt sich missverstanden: „Das war doch ein Kompliment!"

Kein Patriot

Auf seine Gesinnung angesprochen, gibt er sich handzahm: „Ich bin auch überhaupt nicht patriotisch. Als Mitglied einer deutschnationalen Burschenschaft halte ich die Nation Österreich nämlich für eine geschichtswidrige Fiktion. Ich berufe mich ausschließlich auf das deutsche Vaterland."

Hofer bestreitet jedoch, seinen Kuschelkurs nur vorzuspielen: „Machen Sie sich doch selbst ein Bild und kommen Sie zu unserem Wahlkampf-Finale am 21. Mai in den Wiener Burggarten, wo es unter anderem einen Bong-Wettkampf geben wird, mit musikalischer Begleitung vom John-Otti-Trommelkreis."

Ob Van der Bellen seine Wähler da noch erreichen kann?

 58 573 Leser    7830 Likes

> **Max S.**
> Na supa da hamma den Salat der nächste der den strache nicht angeloben will -,- …
> Es sats Do olle kaspaln.

04.05.2016

Foto: Die Tagespresse

Jetzt auch ATV am Ende?
264 schwangere Teenager ohne Arbeit

Droht der heimischen Medienbranche jetzt der nächste Schlag? Nach dem Ende von ServusTV herrscht auch beim Privatsender ATV Untergangsstimmung. Gerüchten zufolge wurden beim Arbeitsmarktservice 264 schwangere Teenager zur Kündigung angemeldet.

Betriebsrat geplant

Nach **TAGESPRESSE**-Infos könnte eine geplante Betriebsratsgründung Anlass für das Aus sein. ATV zog daraufhin die Notbremse. „Die Mütter stellten völlig unrealistische Forderungen an uns, die wir nie hätten erfüllen können", sagt ein ATV-Manager, der anonym bleiben will. Anscheinend äußerten die Teenager-Mütter kuriose Wünsche wie etwa Würde, Privatsphäre und die Einhaltung der Menschenrechte.

Hoffnungslos

Beim AMS stellt man sich auf einen Ansturm ein. „Wir wissen nicht, wohin mit ihnen", sagt ein Mitarbeiter verzweifelt. „Die haben zumeist keine Ausbildung, keine Fähigkeiten, arbeiten nur selten. Und Nationalratsabgeordnete werden momentan einfach keine gesucht."

Quoten niedrig

Der Sender kämpfte bis zuletzt mit Zuschauerschwund. Doch Experten hatten noch Hoffnung auf steigende Einschaltquoten, da laut Marktstudien immer mehr Kindergartenkinder TV-fähige Smartphones besitzen. ATV will den Sendeplatz von „Teenager werden Mütter" jetzt vorübergehend durch eine Live-Cam aus der Lugner City ersetzen.

 55 211 Leser    10 254 Likes

> **Christian G.**
> und wie bitte finden bauern jetzt frauen?
> und was sagt die regierung dazu?

05.05.2016

Foto: goodluz/123RF

Mitarbeiter kam zu spät ins Büro: SemusTV wird doch eingestellt

Auf den gestrigen Knalleffekt nach dem Knalleffekt folgt jetzt der nächste Knalleffekt: ServusTV wird seinen Betrieb doch einstellen. Diese Entscheidung traf Eigentümer Didi Mateschitz, weil ein Mitarbeiter heute früh zu spät ins Büro kam.

Erst gestern hatte der Milliardär alle Kündigungen revidiert, nachdem alle Mitarbeiter versprochen hatten, keinen Betriebsrat gründen zu wollen. Doch weil Marketing-Angestellter Daniel B. (36) wegen eines Verkehrsstaus heute sieben Minuten zu spät im Büro eintraf, zog Mateschitz nun doch die Notbremse.

„Zuerst wollen s' einen Betriebsrat. Dann kommen sie zu spät in die Arbeit", beschwert sich Mateschitz im Telefoninterview. „Was fordern sie als nächstes? Krankenversicherung? Aufs Klo gehen dürfen, ohne mich vorher zu fragen?"

Zwar hätten die Mitarbeiter gute Arbeit geleistet. Dennoch hat Mateschitz das Vertrauen verloren: „Mitarbeiter der Red-Bull-Gruppe dürfen auf einen sicheren Arbeitsplatz, soziale Absicherung und ein offenes, tolerantes Umfeld zählen. Aber wer sich aufführt, wird sofort gefeuert!"

*** Update (10:23 Uhr) ***

ServusTV wird doch nicht eingestellt. Mateschitz stellte fest, dass seine Uhr lediglich um sieben Minuten vorging.

*** Update (10:55 Uhr) ***

ServusTV wird doch eingestellt. Ein Mitarbeiter kaufte vor Mateschitz das letzte Snickers im Automaten.

 66764 Leser   6838 Likes

Rüdiger R.
mitarbeiter kam zu spät, weil er am weg eine palette red bull gekauft hat.
betrieb wird weitergeführt.

Lukas G.
EILMELDUNG Mitarbeiter hat unabsichtlich Red Bull Cola gekauft! Betrieb wird eingestellt!

10.05.2016

Häupl erklärt Familie, dass er ab jetzt immer erst dienstagabends heimkommt

Der plötzliche Rücktritt von Bundeskanzler Faymann wirbelt die SPÖ gehörig durcheinander und hat auch unangenehme Folgen für Wiens Bürgermeister Michael Häupl: Neben seinem stressigen Job als Stadtoberhaupt muss er nun auch noch die Führung der Bundespartei übernehmen. Die neue berufliche Doppelbelastung stößt Häupl „saurer auf als eine Flasche billiger Veltliner", wie er der **TAGESPRESSE** schildert.

„I find des ziemlich g'schissen! Normalerweise bin i jo Dienstag zu Mittag scho daham bei der Meinigen und spätestens um ans beim Wirt'n. Jetzt muass i mi mindestens bis fünfe am Nochmittog no mit de Parteifraster herumärgern", zeigt sich der interimistische Parteichef genervt. „Des ruiniert mir mei ganze Work-Wine-Balance, do hätt i jo glei Lehrer werden können."

Der Rücktritt seines Schützlings kam auch für Häupl unerwartet: „I hob dem undankbaren Pimpf g'sogt, dass er g'fälligst so lange zu bleiben hot, bis i in der Pense bin. Und dann kummt der auf amoi daher und sogt, er wü jetzt Taxifahrer in Brüssel werden. Na, mehr hob i net braucht!", poltert er.

Stammlokale fürchten um Existenz

Nicht nur für seine Familie, sondern auch für die Wiener Gastronomie kommt die berufliche Mehrbelastung des umtriebigen Stadtchefs zur Unzeit. So fürchtet Häupls Stammheuriger „Zum überfahrenen Radfahrer" bereits um seine Existenz: „Normalerweise war der Herr Bürgermeister immer bereits am Dienstagnachmittag bei uns, um sich mit einigen Kanistern Spritzwein auf das Wochenende einzustimmen. Wenn er jetzt nicht mehr kommt, dann kostet uns das 50 Prozent vom Umsatz", zeigt sich der Gastronom besorgt.

Neuwahlen oder nicht?

Auf die abschließende Frage, ob es nun im Bund zu vorgezogenen Neuwahlen käme, wollte sich Häupl keinen Spekulationen hingeben: „Wissen S', des is eine Frage, die muss man jetzt nüchtern betrachten. Also fragen S' gefälligst jemand anderen."

 105 823 Leser 18 106 Likes

> **Roman P.**
> er lässt sich sein wien „nicht schlecht-reden", drum muss er sich's „schön-trinken"!

16.05.2016

Nach Südtirol: Strache will auch Polen wieder an Österreich anschließen

Nachdem FPÖ-Chef Heinz-Christian Strache vor Kurzem forderte, Südtirol wieder an Österreich anzuschließen, legt er jetzt nach. „Auch Polen soll wieder Teil von Österreich werden!", forderte der Oppositionsführer heute Morgen.

Südtirol war nur der Anfang

„Bist a Tiroler, bist a Mensch! Bist ka Tiroler, bist total ur des Oaschloch, Oida!", schrie HC Strache noch vor einigen Tagen auf Wienerisch seinen Südtiroler Fans entgegen, als er sie aufforderte, endlich wieder „heim ins Österreich" zu kommen. Heute legte er sogar noch nach.

Polen gehört zu Österreich

„In der Zahntechnikerschule haben wir damals in Schwachunterricht gelernt, dass historisch gesehen auch das sogenannte Polakische Land einmal irgendwie zu unserem schönen, anständigen Österreich gehört hat", erklärt Strache einem Reporter des CNN (Anm.: Chemtrail News Network).

Während der FPÖ-Chef für Südtirol noch eine Volksabstimmung forderte, soll der polnische Anschluss aber eine Überraschung werden: „Das machen wir am besten ruckzuck selbst, so früh wie möglich. Ich hab' mal meinen Wecker auf 4:45 Uhr gestellt, dann wird zurückangeschlossen."

Rückendeckung von Präsident Hofer?

Rückendeckung könnte Strache vom zukünftigen Präsidenten Norbert Hofer bekommen. Einem Insider zufolge hat Hofer bereits seine ersten Staatsreisen geplant: Zuerst geht es für ihn tatsächlich nach Polen, dann über Skandinavien weiter nach Paris, über die Normandie und Italien weiter nach Rumänien und dann bis vor Stalingrad.

Persönliche Verbindung zu Polen

Strache freut sich schon, dass Polen bald wieder ein Teil von Österreich sein wird, verbindet ihn doch selbst viel mit dem Land: „Wie Sie wissen, habe ich ja auch slawische Wurzeln und verwende sogar polnische Wörter wie ‚kurwa' täglich in meinem Sprachgebrauch. Und wie jeder Pole auch liebe ich Schnaps, mag blonde Frauen und bin tief im Herzen der ärgste Pfuscher."

 56 509 Leser   6508 Likes

> **Wolfgang K.**
> Bitte auch Kroatien … die haben Anschluss ans Meer! Von dort kann man schnell nach Ibiza einmarschieren und unser BundesBumsti kann endlich Urlaub in der Heimat machen.

> **Isabella U.**
> Die erste Amtshandlung des Hofer wird wohl sein, alle Lidl- und Penny-Filialen „anzuschließen".

21.05.2016

Foto: Die Tagespresse

Nach Knesset-Empfang: Hofer heilte auch gelähmten Bettler in Jerusalem

Nach seinem feierlichen Empfang in der Knesset nutzte Norbert Hofer seinen Jerusalem-Besuch vor zwei Jahren auch noch, um einen gelähmten Bettler zu heilen. Der ORF hat versucht, diese beeindruckende Aktion zu verschweigen. Der **TAGESPRESSE** liegt jedoch nun exklusives Fotomaterial vor.

Ein Augenzeuge aus der FPÖ-Delegation berichtet im **TAGES-PRESSE**-Gespräch: „Nach Hofers erfolgreichem Empfang in der Knesset, der nicht erfunden, sondern real ist, war Hofer sehr gut gelaunt. Plötzlich spricht er vor uns allen einen gelähmten Bettler an. Wir wussten alle nicht, warum."

Hofer fordert den Bettler auf, ihn anzusehen. Er streckt seine rechte Hand komplett durch und steckt ihm eine Kornblume ins verfilzte Haar. Danach sagt er zu Schaulustigen rund um ihn: „Sie werden sich noch wundern, was alles gehen wird."

Wunder offiziell bestätigt

Nach diesem Satz steht der Bettler langsam auf – und er geht tatsächlich! Er tanzt vor den Augen der FPÖ-Delegation mit der Kornblume im Haar durch die Straßen Jerusalems und ruft immer wieder euphorisch: „Sie werden sich noch wundern, was alles gehen wird!"

Mehrere Israelis beginnen, Österreich-Fahnen zu schwenken und Rainhard Fendrichs „I am from Austria" zu singen. Um Hofer für die Heilung des Bettlers zu danken, will Israel nun die FPÖ-Forderung nach einem Bettelverbot umsetzen.

Medial totgeschwiegen

In der Berichterstattung wurde Hofers Wunder vom ORF gezielt unterdrückt. „Der linksextrem-islamistische Dunkelrotfunk hat hier wieder mal gezielt die FPÖ beschädigt", sagt Hofer. Die FPÖ sah sich daher gezwungen, die Informationen über Hofers Reise einem unabhängigen Qualitätsmedium wie der **TAGESPRESSE** zuzuspielen.

Dunkle ORF-Vergangenheit

Nur zu gut erinnert man sich in der FPÖ an die dunkle Vergangenheit des Staatsfunks, die noch immer von allen österreichischen Massenmedien verschwiegen wird. Etwa, als der ORF im Jahr 2008 gemeinsam mit dem israelischen Geheimdienst Jörg Haider ausschaltete, als Armin Wolf mit einem Tweet 2007 die Finanzkrise auslöste oder als Ingrid Thurnher 1963 John F. Kennedy ermordete.

 100 239 Leser   20 624 Likes

Baris A.
Gegen Norbert Hofer wirkt „Das Leben des Brian" wie ein seriöser Dokumentarfilm.

Walter P.
Nach der Begegnung mit Hofer konnten Blinde wieder gehen, Lahme wieder sehen und Debile wieder wählen.

23.05.2016

Foto: Michael Gruber/EXPA/picturedesk.com

Wahlbetrug? FPÖ-Wähler berichten von Personen in Wahllokalen, die Van der Bellen wählten

Die Bundespräsidentenwahl ist noch immer nicht entschieden – doch schon werden Gerüchte von einem massiven Wahlbetrug laut: Mehrere FPÖ-Wähler berichten unabhängig voneinander von mysteriösen Personen in Wahllokalen, die Alexander Van der Bellen wählten.

Manipulationen

Karl T. (54) etwa schreibt auf Facebook: „In meinem Wahllokal in Simmering hab' ich eine ganz merkwürdige Frau mit Birkenstock-Schlapfen und Zöpfen im Haar gesehen. Die hat gesagt, sie wählt Van der Bellen! Obwohl das ganze Volk hinter Ing. Norbert Hofer steht! Das ist das Ende der Demokratie!" Er konnte jedoch noch nicht herausfinden, wer sie mit dem Wahlbetrug beauftragt und dafür bezahlt hatte.

Auch die Wahlzettel könnten manipuliert gewesen sein. „Die ganz offenkundig linkslinke Wahlbehörde hat auf den Wahlzettel ganz knapp unter Hofer auch Van der Bellen draufgedruckt", berichtet ein anderer Wähler. „Viele anständige Bürger könnten ihn deshalb versehentlich angekreuzt haben."

Ein weiterer Wähler will sogar Chemtrails im Wahllokal wahrgenommen haben. Nach einer Überprüfung entpuppte sich der Geruch jedoch als Parfum einer Wahlhelferin.

Unerwartetes Ergebnis

FPÖ-Chef Strache griff die Berichte auf: „Die Vorgänge rund um die Wahl sind äußerst merkwürdig", gibt er zu bedenken. „50 Prozent der Stimmen für Van der Bellen? Das deckt sich nicht mit unseren repräsentativen parteiinternen Wahlumfragen, die wir im Bierzelt durchgeführt haben und laut denen 80 Prozent für Hofer sind und 20 Prozent für Adolf."

Da der Wahlzettel für Strache ohnehin „Lügenpresse" ist, nahm er vorsorglich seinen eigenen mit, auf dem nur „Ing. Norbert Hofer" zur Auswahl stand. Für Strache ist die weitere Vorgehensweise klar: „Wir werden die Wahl anfechten. Es ist einer Demokratie nicht würdig, dass die Bürger sich für einen Nicht-Faschisten entscheiden dürfen!"

 256 456 Leser   16 462 Likes

Marlene K.
Ja, bitte, wo war der Strache am Wahlzettel? Das kann ja nicht demokratisch zugegangen sein!!!einself!!!

Jochen U.
Ich finde auch, dass gestern im Laufe des Tages ungewöhnlich viele Chemtrails zu sehen waren. Das waren sicher Drogen, die uns VdB-hörig machen sollten …

24.05.2016

Foto: Die Tagespresse

Statt in Schulklassen: Bild von Van der Bellen auf allen Zigaretten-schachteln

Bereits am Tag nach seinem knappen Wahlsieg hat der neue Bundespräsident Alexander Van der Bellen angekündigt, dass er darauf verzichtet, ein Bild von sich in jeder Schule hängen zu haben, so wie es bisher üblich war. Stattdessen will er ab sofort auf allen Zigarettenschachteln abgebildet sein.

Zigaretten in jeder Schule

Um die fehlenden Bundespräsidenten-Bilder auszugleichen, bekommt jede Schulklasse in ganz Österreich mehrere Stangen Zigaretten zugeschickt, beginnend ab der ersten Klasse Volksschule. „So lernen die Kinder spielend, wer ihr neuer Bundespräsident wird", erklärt Van der Bellen.

„Gönnt euch"

Zusätzlich zu einem entspannt wirkenden Van der Bellen sieht man auf den Zigarettenschachteln statt den Warnhinweisen ab jetzt den positiv besetzten Slogan: „Gönnt euch". Weitere Sprüche sind ebenfalls geplant, etwa „Was ist das für 1 entspanntes

Life" oder „Rauchen fügt Ihnen und den Menschen in Ihrer Umgebung erheblichen Spaß zu".

Erste Kritik

Mehrere Gesundheitsexperten schlagen bereits Alarm. „Van der Bellen weiß doch gar nicht, was er mit diesem Vorstoß anrichtet. Er ist doch halb Mensch, halb YouTube-Video, das extrem langsam lädt", warnt der Lungenfacharzt Dr. Norbert Bong (47).

Van der Bellen selbst reagiert gelassen auf die harte Kritik: „Ich kann mit dieser Kritik nichts anfangen. Angeblich verkürzt jede Zigarette das Leben um sieben Minuten. Nach meinen Berechnungen müsste ich da bereits 1786 verstorben sein." Außerdem will er ein Bundespräsident der Herzen sein: „Das ‚Van' in Van der Bellen steht für Spaß!"

 74 188 Leser    13 551 Likes

> **Drogenfrei – Es ist schön, keine Drogen zu nehmen**
> Das lob ich mir, denn Zigaretten sind, das weiß doch jedes Kind, gesundheitsfördernd und erhöhen das Lungenvolumen! Ganz im Gegensatz zu Cannabis, das einen zuerst tötet, dann arbeitslos macht und zu guter Letzt Cannibalismus fördert. Das Wort Cannibalismus steckt ja schon quasi im Namen dieser Teufelsdroge!

25.05.2016

Foto: Monkey Business/Fotolia, Montage

Nach erfolgreicher Zubereitung eines Käsetoasts: Student (36) gründet Foodblog

Eigentlich wollte Heiko M. (36), Bachelorstudent der Literaturgeschichte, ein weltweit angesehener Buchkritiker werden. Doch die erfolgreiche Zubereitung eines Käsetoasts führte ihn dazu, seine Pläne über den Haufen zu werfen und eine neue Karriere einzuschlagen. Jetzt will er seine spannenden Kochkreationen in einem Foodblog der ganzen Welt zugänglich machen.

Zufall

Doch nur eine Verkettung unglücklicher Umstände ließ den in Wien lebenden Hamburger seine wahre Leidenschaft entdecken, erinnert er sich: „Als mich nach meinem täglichen Fünf-Uhr-Nachmittags-Joint der Fressflash packte, hatte ich Bock auf Tiefkühlpizza." Doch seine letzte Pizza hatte er bereits vor drei Wochen aufgegessen.

In seiner Not ergriff der erfinderische Student zwei Brotscheiben, schnitt den Schimmel weg, legte eine Scheibe Gouda dazwischen und schob das Sandwich in einen Toaster. Nach nur acht Minuten war der Käse geschmolzen und das Brot knusprig. Das

Ergebnis begeisterte Heiko: „Ich wusste ja gar nicht, dass in mir ein Gourmetkoch steckt!"

Zukunftspläne

Stolz zeigt er uns auf seinem Blog den ersten Eintrag: eine Variation vom Käsetoast, den er um eine Schinkenscheibe erweitert hat. „Nächste Woche probiere ich dann etwas ganz Verrücktes mit Spaghetti und Ketchup", gibt er bereits Einblicke in seine Zukunftspläne.

Work-Life-Balance

Doch wie bekommt er Arbeit und Studium unter einen Hut? „Es stimmt, Blogger sein ist wirklich ein 9-to-10-Job", meint Heiko nachdenklich. Obendrein ist der Student auch noch alleinerziehend. Aber hier setzt er klare Prioritäten: „Mein Kleiner kommt immer zuerst!" Seinen elfjährigen „World of Warcraft"-Charakter will er daher trotz Karriere keinesfalls vernachlässigen.

 44 481 Leser 7309 Likes

Erik K.
sein nächstes ziel ist bestimmt der auftritt auf nem „street food festival" (früher ham wir dazu einfach wiaschtlstaund gsogt).

Uni Wien Memes
Na na na, jetzt mal runter von den hässlichen Vorurteilen … wir können auch Schinken-Käse!

26.05.2016

Foto: Österr. Post AG

Peinliche Postpanne: 130 000 Briefwahlstimmen von FPÖ-Wählern erst jetzt zugestellt

Hat eine Panne der österreichischen Post die Präsidentschafts-wahl entschieden? Über 130 000 Briefwahlstimmen von Hofer-Wählern wurden erst jetzt an die Wahlbehörde zugestellt und konnten deshalb nicht mitgezählt werden. Van der Bellen ge-wann schließlich mit 31 026 Stimmen Vorsprung.

Post bedauert

„Es tut uns wirklich einigermaßen halbwegs fast leid", versucht der Post-Sprecher, sich zu entschuldigen. „Aber das österreichi-sche Fernmeldegesetz sieht vor, dass wir jede Wahlkarte vor der Zustellung öffnen und auf ordnungsgemäße Frankierung prüfen."

Während die Van-der-Bellen-Stimmen sofort weitergeleitet wurden, landeten die anderen Stimmen im Fach „Hofer" und wurden erst heute gemeinsam mit dem neuen Prospekt der Supermarktkette „Hofer" zugestellt.

Einspruch ohnehin zu spät

Für die Wahlbehörde ändert dies am Ergebnis aber nichts mehr. Eine Wahlanfechtung ist theoretisch laut Gesetz zwar bis vier

Wochen nach der Wahl möglich, in der Praxis aber derzeit nicht durchführbar. „Der zuständige Beamte, der Kurti, ist jetzt grad auf Kur in Bad Gleichenberg und danach direkt fünf Wochen auf Urlaub", bestätigt ein Beamter gegenüber der **TAGESPRESSE**.

Wiedergutmachung

Immerhin verspricht die Republik Österreich Wiedergutmachung für alle FPÖ-Wähler, verrät ein Regierungssprecher: „In den nächsten Tagen werden alle, die Hofer gewählt haben, Besuch vom Finanzamt bekommen. Ein Steuerprüfer wird sich die Unterlagen der letzten Jahre gratis ansehen und auf Richtigkeit überprüfen und außerdem das Briefmarkenset ‚Mein Präsident Van der Bellen‘ zum halben Preis anbieten."

 118 999 Leser   11 083 Likes

Gregor S.
Hat wer eine Idee, was ich jetzt mit den 30 Kartonkisten an Hofer-Stimmen machen soll, die mir die Wahlkommission aus Wien am Sonntagabend vorbeigebracht hat? Mein ganzes Kellergeschoss ist voll mit diesen falsch angekreuzten Stimmzetteln.

07.06.2016

Foto: 123RF.com

Im heißen Auto vergessen: Hund fährt alleine auf Urlaub nach Jesolo

Genau davor wird immer gewarnt! Eine Familie aus Vöcklabruck hat ihren Hund im heißen Auto eingesperrt. Dieser setzte das Fahrzeug daraufhin in Bewegung und fuhr alleine auf Urlaub nach Jesolo. Kosten des Kurztrips: 800 Euro.

„Jeder kennt das Risiko: Hunde sind sehr intelligent. Wenn man sie in einem heißen Auto allein lässt, fahren sie ans Meer", so Sabine Hammerschmid (56), Hundeexpertin. Sie verurteilt das Verhalten von Familie Pölz.

Unnötige Spritztouren
Ganze vier Tage lang entspannte sich der Jack-Russell-Terrier „Rocco" am Strand und verbrauchte unnötig viel Benzin für Spritztouren, weil er immer wieder neben der Straße vorbeirollende Bälle per Auto verfolgte. Außerdem aß er ausschließlich aus den Mülltonnen der teuersten Gourmetrestaurants. Nur dank seines GPS-Halsbands konnte Rocco wiedergefunden werden.

Die unachtsamen Hundehalter sind allerdings noch mit dem Schrecken davongekommen. Oft fahren Hunde viel weiter weg als bis nach Jesolo. Erst letztes Jahr erbeutete ein deutscher Schäferhund die Kreditkarte seines Besitzers und fuhr bis nach Nowosibirsk.

Experten warnen

Experten warnen nun verstärkt, Hunde im Sommer niemals im heißen Auto zurückzulassen. Sonst könnte es zu noch mehr Hundeurlauben kommen, die hohe Kosten verursachen und den heimischen Tourismus schwächen. Außerdem wird eine Senkung des Mindestalters für den L17-Führerschein vorgeschlagen, der für Hunde derzeit viel zu spät kommt.

 33 820 Leser   7449 Likes

Jürgen G.
So betrunken, wie mein Hund immer ist, ist das durchaus gefährlich.

09.06.2016

Foto: Herbert Neubauer/APA/picturedesk.com

Traum vom eigenen Garten erfüllt: Alaba baut Karotten auf seinem Kopf an

Ein eigener Garten: Davon können viele Menschen nur träumen. ÖFB-Star David Alaba hat seinen Traum jetzt in die Realität umgesetzt. Seit Kurzem baut er Karotten auf seinem eigenen Kopf an.

„Ich bin von meinem neuen Garten vollauf begeistert", verrät Alaba gegenüber der **TAGESPRESSE**. „Es gibt nichts Entspannenderes nach einem langen Trainingstag, als nach Hause zu kommen und noch etwas Gartenarbeit zu machen. Zum Beispiel meinen Kopf zu gießen oder mit der Haarbürste meiner Freundin das Unkraut rauszukämmen."

Keine Beeinträchtigung

Ob ihn seine Gartenarbeit bei der EM behindern könnte? „Ich habe das mit dem Trainerstab abgesprochen. Sie haben mir versichert, dass meine Berufung, nämlich die Gartenarbeit, nicht durch mein Fußball-Hobby beeinträchtigt wird." Daher muss Alaba während der ganzen EM keine Kopfbälle spielen, um die Jungkarotten zu schonen.

Zwischenfälle

Doch schon am Flughafen sorgte die Frisur für Aufregung: Der Grenzschutz wollte Alaba vorschriftsgemäß vier Monate lang in Quarantäne stecken, weil die Beamten seine Haarpracht für ein totes Meerschweinchen hielten. Als das Nationalteam später in einem Gourmetrestaurant die bevorstehende EM feiern wollte, wurde der Garten von einem Franzosen für eine seltene Delikatesse gehalten. Der Gourmet wollte abbeißen, konnte jedoch von anderen ÖFB-Spielern davon abgehalten werden.

Alaba will seinen Garten trotz all der Aufregung zumindest bis zur Erntezeit im Juli behalten.

 69 720 Leser   11 497 Likes

Ingrid M.
Ich finde die hellen Spitzen toll. Wenn die Sonne richtig steht, gibt es so eine Art Heiligenschein. Vielleicht kann er ja so ungestraft anderen das Bein stellen. Wie wäre es mit dem Spitznamen „Goldschneckerl"?

Tanja K.
Endlich ein gutes Bild, das ich als Vorlage herzeigen kann, wenn die Frisöre mich fragen, welche Frisur ich will!

14.06.2016

Sondererlass: Regierung macht Unabhängigkeit Ungarns rückgängig

Wer zuletzt lacht, der lacht bekanntlich am besten: Die österreichische Regierung setzt die Unabhängigkeit Ungarns von Österreich außer Kraft. Der Sondererlass wurde unmittelbar nach der 2:0-Niederlage Österreichs gegen Ungarn bei der EM beschlossen. Präsident Fischer hat den Erlass bereits „mit großer Freude" unterschrieben, er ist damit in Kraft.

„Der Regierungsverzicht von 1918 durch die Habsburgermonarchie war an eine Bedingung geknüpft", erklärte Kanzler Kern in einer spontan einberufenen Pressekonferenz. „Ungarn darf keine feindlichen Handlungen gegen das Kaiserrei-, äh, gegen die Republik Österreich setzen."

Auf einer unter Journalisten verteilten Kopie des Verzichts befindet sich ein solcher Punkt tatsächlich, allerdings im Kleingedruckten auf Seite 64, Unterpunkt 18.7.b. Seit Dienstagabend gilt Ungarn deshalb wieder als österreichisches Staatsgebiet.

Um den territorialen Anspruch zu untermauern, bildet das österreichische Bundesheer derzeit auf allen ungarischen Hauptverkehrsrouten Rettungsgassen. Schon ab kommender Woche gilt die flächendeckende Registrierkassenpflicht. Die Gratis-Zahnspangen sollen dann noch im Sommer kommen.

Die ungarische Regierung nahm die Entscheidung bereits an. Der bisherige Präsident Viktor Orbán soll nun Obmann der ÖVP werden.

 83 120 Leser   11 827 Likes

> **Klaus M.**
> Diese Niederlage ist zwar sehr bitter, aber für den Turnierverlauf nun mal nötig, um die Deutschen im 1/8-Finale rauszuhaun!

> **Gero B.**
> Und ich dachte, die Tagespresse würde umgehend über die Anfechtung des Spielergebnisses durch die FPÖ berichten …

15.06.2016

Foto: Barbara Gindl/APA/picturedesk.com

Strache nach Niederlage optimistisch: „Dafür gewinnen wir den nächsten Weltkrieg!"

Immer optimistisch bleiben: So lautet das Credo von FPÖ-Chef Strache nach der österreichischen 0:2-Niederlage gegen Ungarn. Er blickt in die Zukunft und verbreitet Hoffnung mit der klaren Ansage, dass wir dafür den nächsten Weltkrieg gewinnen werden.

„Wir haben aus den zwei anderen Niederlagen gelernt und werden mit mehr Erfahrung und Weitsicht in den nächsten gehen", erklärte er heute Früh auf seiner Facebook-Seite. „Egal, wann wir den nächsten Weltkrieg auslösen. Es kann morgen sein. Es kann aber auch erst in zwei Wochen passieren."

Anfechtung

Ursprünglich wollten einige Funktionäre der FPÖ das 0:2-Ergebnis anfechten und die roten Karten vom UEFA-Schiedsgericht neu auszählen lassen. Es wurde bereits eine Liste von Anfechtungsgründen zusammengestellt, die auf einen Bierdeckel geschrieben war. Strache-Fans solidarisierten sich mit Parolen wie „Das ist nicht meine EM".

Doch Strache pfiff seine Parteikollegen zurück: „Wir sind ganz sicher überhaupt nicht keine schlechten Verlierer", meinte er. „Die

Ungarn waren gestern klar die bessere Mannschaft. Kein Wunder: Bei ihnen spielen ja auch keine Ausländer. Und überhaupt: Gäbe es bei der EM keine Ausländer, wären wir schon lange Europameister."

Schuldzuweisungen

Innerhalb des rechten Lagers gingen nach dem Spiel dennoch die Wogen hoch. Insbesondere das Ausbleiben einer Störaktion der rechtsextremen Identitären sorgt für Kritik. „Sie trauen sich nur in Theaterräume und Vorlesungssäle", meint ein FPÖ-Funktionär hinter vorgehaltener Hand. „Wo waren sie gestern, als ihr Land sie brauchte?"

 51 231 Leser 5256 Likes

> **Marlene K.**
> Damit bleibt mal wieder die Frage:
> Österreich-Ungarn, aber gegen wen?

16.06.2016

Foto: Helmut Fohringer/APA/picturedesk.com

Kompromiss am Gürtel: Drogendealer dürfen weitermachen, wenn sie Registrierkasse verwenden

Nach monatelanger Aufregung um die Drogenszene am Wiener Gürtel gibt es endlich eine Einigung mit der Polizei: Die Dealer dürfen ihre Waren ab sofort unbehelligt verkaufen, solange sie vorschriftsgemäß eine Registrierkasse verwenden.

„Warum dieser ständige Ärger? Wozu die Verhaftungen, die Schlägereien, der gegenseitige Hass? Das hat doch keinen Sinn", gesteht Wiens Polizeipräsident Pürstl auf einer Pressekonferenz ein. „Wir haben daher eine Lösung am Verhandlungstisch erzielt, mit der alle Beteiligten leben können."

„Durch Reden Leute zusammenkommen", bestätigt auch Nbongo (16) aus Nigeria, der WKO-Delegierte der Sparte Drogenhandel/Apotheken. Er spricht von konstruktiven Verhandlungen mit dem Polizeipräsidenten und betont das positive Gesprächsklima. Neben den verpflichtenden Registrierkassen müssen Dealer auch gemäß EU-Verordnung sämtliche Allergene in ihrem Kokain, Heroin und Co auf einer Speisekarte ausweisen, um eine Gesundheitsgefährdung zu vermeiden.

Nicht genug

Doch laut Rechtsexperten reicht die Einigung nicht: „Der Konsumentenschutz ist immer noch mangelhaft", meint Professor Klaus Bauer. „Viele Ecstasy-Pillen werden nicht einmal an Kindern und Schwangeren getestet, bevor sie in den Handel kommen." Auch der Jugendschutz komme in der Drogenszene am Gürtel zu kurz: „Für meine Kinder ist diese Gegend sowieso tabu. Ich möchte nicht, dass meiner 15-jährigen Tochter minderwertiges Marihuana angeboten wird, das womöglich nicht einmal wirkt."

Waffenstillstand

Auch wenn das letzte Wort noch nicht gesprochen scheint: Mit der Einigung dürfte vorläufig Ruhe am Gürtel einkehren. „Jetzt ist Zeit für Entspannung", verkünden der Polizeipräsident und der WKO-Delegierte, während sie für die TV-Kameras an der Friedenspfeife ziehen.

 69 893 Leser   13 048 Likes

> **Marijana Z.**
> Halloo ich wohne da, Registrierkasse hin oder her wie können nicht mal in ruhe spazieren gehen mit unserem kind ohne angesprochen zu werden und die Angstzustände die wie Frauen hier haben, die Angst um unsere Kinder. Ich fasse es nicht das man nicht nachdenkt was es noch für gründe gibt das die nicht mehr hier sein sollten.

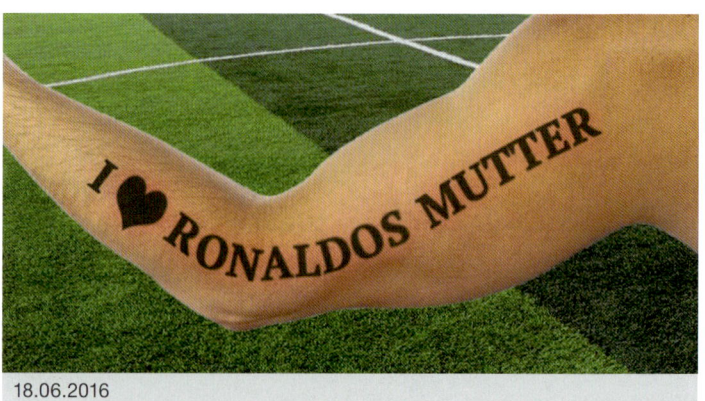

18.06.2016

Foto: Die Tagespresse

Aufregung vor EM-Spiel: Arnautovic provoziert Ronaldo mit neuem Tattoo

Portugiesische Medien sprechen von reiner Provokation, doch was steckt wirklich dahinter? Beim Abschlusstraining der Österreicher vor dem EM-Duell erschien Marko Arnautovic mit einem neuen Tattoo auf seinem Oberarm, das nun die Gemüter erhitzt.

Umstrittenes Tattoo

„Ich versteh' die Aufregung nicht. Ich mach' mir ja vor jedem Spiel ein neues Peckerl, als Glücksbringer sozusagen", sagt Arnautovic verschmitzt und zeigt seinen Oberarm mit der Aufschrift „I love Ronaldos Mutter".

Journalisten, die nachfragen, ob es sich dabei um Provokation handelt, weist Arnautovic zurecht: „Ich darf doch wohl meine Gefühle ausdrücken. Immerhin kenne ich Ronaldos MILF persönlich, die Chantalle oder Roxy oder Butt-ricia oder wie auch immer sie sich derzeit nennt."

Provokation statt Fußball

Internationale Medien hingegen vermuten, dass der ÖFB nun in die unterste Schublade greift, um den heutigen Gegner zu verunsichern und doch noch eine Chance zu haben. So verkauft der

ÖFB für Fans, die heute im Stadion sind, eigene T-Shirts mit Aufschriften wie „Ronaldos Mutter – Ich war dabei!" oder „I survived Ronaldos Mutter". Auch Analytiker Herbert Prohaska erklärt: „Portugal? Da san a poa Hurnkinder dabei. Wortwörtlich!"

Betroffene nicht anwesend
Ronaldo selbst war für eine Stellungnahme nicht erreichbar, wie sein Trainer berichtet: „Er bereitet sich so wie immer konzentriert auf das Spiel vor und geht die letzten Spielzüge noch mal durch, zusammen mit seiner Mutter."

 64 063 Leser   6163 Likes

> **Stavros H.**
> Ich glaub kaum, dass das Tattoo echt ist.
> Zu wenig Rechtschreibfehler.

> **Kevin F.**
> Ronaldo kauft aber sein Leben diesmal.

20.06.2016

derStandard.at am Ende? Star-Journalist „APA" geht in Pension

Schwerer Schlag für die Redaktion von *derStandard.at*: Der Star-Journalist Andreas Peter Auersberger, besser bekannt unter seinem legendären Kürzel „APA", tritt nach jahrzehntelangem Dienst den wohlverdienten Ruhestand an. Bis zuletzt war er für fast 90 Prozent aller Artikel verantwortlich und wirkte in jedem Ressort mit, von der Innenpolitik über Kultur bis hin zu Reisen. Trotz der Breite waren seine Artikel stets so brillant recherchiert, dass sie oft von anderen Medien wie *Die Presse, Kurier* oder *ORF.at* wortgleich abgeschrieben wurden.

Urgestein

„Mit Auersberger verlässt uns ein wahres Urgestein der Redaktion", erklärte *Standard*-Herausgeber Oscar Bronner. „Ihm waren Schnelligkeit und Recherche stets wichtiger als der eine oder andere Rechtschreibfehler." Als schwerer Legastheniker hatte es Auersberger in seiner Branche nie leicht. „Sein umfassendes Halbwissen wird uns dennoch sehr fehlen."

Abschied

In einem bewegenden Rundmail verabschiedete sich „APA" von der Belegschaft: „Ich bin zutiefst dankbar für di e vergangenen Jahre in der Redaktion , , Gewesen , ", schrieb Auersberger an alle Kollegen. Seinen Ruhestand will er nutzen, um eine neue Fähigkeit zu erlernen: „Ich wollte immer schon einmal Korektur lesen können." Seine Unfähigkeit zum Korrekturlesen war auch der Grund, weshalb Auersberger nie einen Job bei anderen renommierten Medien wie der **TAGESPRESSE** ergattern konnte, wo Korrekturlesen unerlässilch ist.

An seine Stelle beim Online-*Standard* soll nun die 22-jährige unbezahlte Publizistikstudentin Petra Reuters treten, die bisher schon für die übrigen 10 Prozent der Artikel verantwortlich zeichnete.

 45 752 Leser   5876 Likes

> **Feijs B.**
> Der Apa ist als Journalist fast genauso aktiv wie der Acab als Graffitisprüher.

> **Georg G.**
> Sehr schade … Sein Schreibstil ähnelte immer dem dieses berühmten Autors, Roman.

24.06.2016

Foto: VLADIMIR SIMICEK/AFP/picturedesk.com, Montage

Gemeinsam gegen Brüssel: Rechts-populisten aller Länder formen „Union Europas", um EU zu bekämpfen

Nach dem Brexit-Votum der Briten wittern die Rechtspopulisten in ganz Europa ihre Chance: Um den verhassten Gegner, die Europäische Union, besser bekämpfen zu können, verkündeten Heinz-Christian Strache, Marine Le Pen, Nigel Farage, Geert Wilders und Co heute die Gründung der „Union Europas". Damit sollen die gemeinsamen Kräfte besser gebündelt werden.

Kooperation

„In unserem Kampf gegen die faschistischen Brüsseler Bürokraten haben wir schnell gemerkt: Gemeinsam erreichen wir mehr", erklärte Strache. Die „Union Europas" wird sämtliche aktuellen EU-Mitglieder umfassen sowie auch fiktive Nationen und völkerrechtliche Missgeburten beinhalten, wie Flandern, Katalonien und Österreich, so Strache weiter.

Um möglichst nah bei der Konkurrenz zu sein, werden Zentrale und Parlament der „Union Europas" ebenfalls in Brüssel entstehen. Ungarns Präsident Orbán freut sich: „Wir werden dort ein Parlament haben mit 751 Abgeordneten aus allen nationalistischen Nationen Europas."

Vorteile für alle Bürger

„Wir brauchen ein vereintes Europa im Kampf gegen die EU!",
heißt es in der ersten Presseaussendung. Die Ziele der „Union
Europas" seien klar: „Wenn wir die EU erst einmal vernichtet
haben, dann werden alle Bürger profitieren", verspricht Nigel
Farage und stellt etwa ein Wegfallen von Passkontrollen an der
Grenze, wirtschaftliche Kooperation und freien Warenverkehr
innerhalb der „Union Europas" in Aussicht.

Währungsunion

Außerdem soll eine eigene Währung gegründet werden. Der erste
Namensvorschlag – „Teuro" – wurde jedoch abgelehnt. Nach
wochenlanger Streiterei einigte man sich in letzter Sekunde auf
Poundschillingmarkkronefrancforint.

Die Idee zur „Union Europas" ist übrigens nichts Neues, wie
FPÖ-Thinktank Herbert Kickl verrät: „Schon in der Geschichte
gab es Vorbilder für uns, wie zum Beispiel die Volksfront von
Judäa sowie auch die Judäische Volksfront."

 41 192 Leser   4762 Likes

> **Christa M.**
> jaaaaa super! und ab juli bekommen sie
> ein eigenes staatsgebiet in der taiga, ein-
> gezäunt mit 5-fachem stacheldrahtzaun …
> natürlich zu ihrem eigenen schutz.

24.06.2016

Foto: dpa-Film Warner/dpa/picturedesk.com

Harry Potter nach Brexit entsetzt: „Kann jetzt kein Erasmus in Transsilvanien machen"

Der Brexit dürfte vielen Menschen das Leben erschweren. Jetzt meldet sich auch ein erstes prominentes Opfer zu Wort: Promi-Zauberer Harry Potter. Er fürchtet, seine Pläne für ein Erasmus-Semester an der Fachhochschule für Magie, Wahrsagerei und Meinungsumfragen im rumänischen Transsilvanien aufgeben zu müssen.

Protest

„Ihr verdammten, dummen Muggel", flucht Potter in einem Face-book-Posting. „Um mehr Kontrolle über sein Land zu bekommen, muss man doch nicht gleich aus der EU austreten. Da reicht doch der gute alte Imperius-Fluch gegen die EU-Kommission! Zum Voldemort noch mal!" Aus Protest belegte er seinen britischen Reisepass vor laufender Kamera mit einem tödlichen Avada-Kedavra-Fluch.

Potter (35), der gerade an der Londoner University of Magic einen berufsbegleitenden Master in Betriebswirtschafts-Magie ablegt, wollte eigentlich 2018 ein Semester in Rumänien verbringen, um internationale Erfahrung zu sammeln und auf Drachenjagd zu gehen. „Jetzt bleibt mir nur mehr die Volkshochschule der schwarzen Magie in Liverpool." Er befürchtet sogar Arbeitslosigkeit. Womöglich muss er wieder in die Besenkammer im Haus seiner Tante und seines Onkels einziehen.

„Schlechteste Idee"

Der Zauberer verurteilt außerdem David Camerons Vorstoß für ein Referendum: „Das war mit Abstand seine schlechteste Idee. Was eine ziemlich starke Leistung ist, immerhin hatte der Typ schon Geschlechtsverkehr mit einem toten Schwein." Potter fordert, ab sofort alle demokratischen Abstimmungen durch eine Entscheidung des sprechenden Huts zu ersetzen.

Unerwartete Auswirkungen

Der Brexit hat direkte Auswirkungen auf die Häuser von Hogwarts. Sie mussten bereits ihre Wappen an die neue Realität anpassen: Ravenclaw bekommt einen arbeitslosen Adler, Hufflepuff einen schwer depressiven Dachs, Slytherin eine gut ausgebildete Schlange, die Uber fahren muss, und Gryffindor einen Löwen, der gerade ein unbezahltes Praktikum als Zebra macht.

 47 685 Leser    6476 Likes

Jakob S.
Na ja, Harry Potter wird zwar in einem Monat 36 Jahre alt. Aber für ein Studium is' wahrscheinlich nie zu spät.

Katharina K.
„Jetzt bleibt mir nur mehr die Volkshochschule der schwarzen Magie in Liverpool." Wusste gar nicht, dass Mikl-Leitner jetzt in England unterrichtet.

28.06.2016

Foto: Kirsty Wigglesworth/APA/picturedesk.com

„Nichts überstürzen": England will vorerst weiter bei EM mitspielen

Nach der größten Blamage in der Geschichte Englands seit Freitag kündigte die englische Nationalmannschaft an, bei der Abreise nichts überstürzen zu wollen. Vorerst will das Land trotz der Niederlage gegen Island bei der EM weiterspielen und erst im Laufe der kommenden zwei Jahre langsam ausscheiden.

Der englische Trainer Roy Hodgson gibt sich unmittelbar nach der Niederlage verhandlungsbereit: „Wir nehmen unser Ausscheiden zur Kenntnis. Dieses kann dann gerne unter einem neuen Teamchef in Kraft treten, welcher bis spätestens Oktober feststeht." Außerdem muss die UEFA vor dem Ausscheiden auf einen offiziellen Antrag der Briten gemäß Artikel 50 warten.

Petition

Das Spielergebnis trifft die übrige britische Insel jedoch unerwartet und hart. Viele Fußballspieler fühlen sich hinters Licht geführt: „Wir wussten nicht, dass man tatsächlich verliert, wenn man den Ball ins Tor lässt", meint etwa Superstar Wayne Rooney. In einer Petition forderten bis Redaktionsschluss 100 000 Briten gar eine Neuaustragung des Spiels.

Keine Niederlage?

Doch andere geben sich dagegen betont positiv: „Das wirkt auf den ersten Blick wie eine große Niederlage für England", meint etwa der Rechtspopulist Nigel Farage. „Aber ich sehe es vielmehr als einen Sieg der einfachen Leute über die arrogante, abgehobene Elite. Wir haben heute unser Land zurückbekommen. Wir sind wieder auf uns alleine gestellt."

Weniger optimistisch sehen das die Ratingagenturen. So stufte Moody's das Land heute Vormittag von AAA auf HAHAHA herab.

 179 662 Leser   40 374 Likes

> **Wolfgang L.**
> beste meldung bei den nachrichten heute früh: england is the first country in history to exit the euro twice in 4 days …

> **Marcel G.**
> Es mehren sich die Stimmen in der Mannschaft, die ein Rückspiel fordern.

01.07.2016

Foto: Die Tagespresse

Endlich Lobbyist: Faymann nimmt neuen Job in Brüsseler Hotellobby auf

Bereits wenige Wochen nach seinem überraschenden Rücktritt als Bundeskanzler hat Werner Faymann eine neue berufliche Herausforderung gefunden. Der ehemalige Top-Politiker wird sich fortan der Lobbyarbeit in der EU-Hauptstadt widmen. DiE**TAGESPRESSE** besuchte den Ex-Kanzler an seinem neuen Arbeitsplatz – der Lobby des noblen Fünf-Sterne-Hauses „Hôtel du Concombre Courbe" (zu Deutsch: „Hotel zur gekrümmten Gurke") mitten im Brüsseler Europaviertel.

„Zu dieser Stelle bin ich über meinen alten Spezi Jean-Claude Juncker gekommen, der hier an der Hotelbar ein gern gesehener Stammgast und ein guter Freund vom Hotelmanager ist", schildert Faymann. „Als der sagte, er braucht einen neuen Mann für die Lobby, da hat mich der Jean-Claude gleich angerufen. Lobbyist war ja schon immer mein Traumberuf!"

Qualifikation zählt

Doch wie schnell kann man sich als Mann mittleren Alters in einer neuen Arbeitsumgebung zurechtfinden? „Das Einarbeiten ging mit meiner Erfahrung natürlich sehr rasch. Ich habe hier jeden Tag mit unzähligen Koffern zu tun, muss mich von reichen

Typen rumkommandieren lassen und dabei immer freundlich grinsen. Also kein Unterschied zu meinem vorherigen Job", erzählt Faymann selbstbewusst.

„Besonders gefallen mir auch die vielen Pausen. Das Net-Working – also das Nicht-Arbeiten, wie man auf Deutsch sagt – war ja schon als Bundeskanzler eine meiner Stärken. Einzig das schwere Heben ist etwas mühselig, wenn man so wie ich ein weiches Rückgrat hat. Ist halt eine alte Berufskrankheit", schildert der Ex-Politiker.

Große Aufstiegschancen

Seine Zukunft im Lobbyismus sieht der ehemalige Kanzler durchaus rosig: „Morgen werde ich dann auch am Fahrstuhl eingeschult. Da wird es dann mit meiner Karriere weiter ziemlich steil nach oben gehen, vielleicht sogar bis ins Dachgeschoß."

Ob er Karriereziele hat? „Eines Tages könnte ich dann sogar in die Fußfesseln ... ähhhm ... die Fußstapfen des großen österreichischen Lobbyisten Ernst Strasser treten!"

 49 796 Leser   18 428 Likes

> **Michael E.**
> da macht er aber ne gute figur ... eindeutig den falschen beruf erlernt, der gute mann.

> **Walter P.**
> Und diesmal ist es ein Job mit echten Aufstiegschancen! Wenn er sich bewährt, darf er sogar mit dem Lift fahren.

01.07.2016

Foto: Hans Punz/APA/picturedesk.com

„Überall Schlampereien": VfGH lässt alle Wahlen seit 1945 wiederholen

Paukenschlag heute Mittag im Verfassungsgerichtshof: Die Richter erklärten alle demokratischen Wahlen seit 1945 für ungültig und ordneten in jedem einzelnen Fall eine komplette Wiederholung an. Als Begründung werden Schlampereien bei der Umsetzung genannt.

„Wenn man genauer hinschaut, findet man überall massive Ungereimtheiten", so die Richter. „Bei der Nationalratswahl 1949 wurde das Wahllokal in Wulkaprodersdorf sieben Minuten zu früh geschlossen, 1962 wurde ein Briefwahl-Kuvert in Hermagor mit Kaffee überschüttet, und das ist nur die Spitze des Eisbergs!", halten die Richter empört fest. Aufgrund einer Besonderheit in der Verfassung kann der VfGH auch Wahlen aufheben, die nie angefochten wurden, weil das Ergebnis allen gepasst hat.

Manipulation durch FPÖ?

Doch handelt es sich hier um eine gezielte Finte der FPÖ? So schickte sie in mehreren Bezirken seit Jahren Beisitzer zur Auszählung, die nachweislich nicht bis zehn zählen können, womit das Ergebnis ungültig ist. Ein Partei-Insider bestätigt: „Wir verfügen über genug personelle Reserven, um alle zukünftigen Wahlen zu torpedieren, wenn das Ergebnis undemokratisch ist. Außer natürlich, das Ergebnis ist demokratisch. Sprich: Unser Kandidat gewinnt."

Doch FPÖ-Chef Strache will diesen Eindruck nicht auf sich sitzen lassen: „Es ist doch vollkommen normal, bei Unregelmäßigkeiten wiederholen zu lassen. Beim ‚Mensch ärgere dich nicht!‘ würfle ich auch immer so lange, bis ich eine Sechs habe, alles andere wäre doch undemokratisch."

Zäsur

Laut Verfassungsgerichtshof müssen auch Tote wie Kurt Waldheim und politisch Tote wie Werner Faymann wieder zu Wahlen antreten. „Dieses Urteil verändert unsere Republik und mein ORF-Honorar in ungeahntem Ausmaß", sagt Politexperte Peter Filzmaier, der während des **TAGESPRESSE**-Interviews euphorisch auf einem goldenen Segway im Kreis fährt.

Ebenfalls am kommenden Sonntag muss das Volk noch einmal entscheiden, ob das Telegrafennetz eingeführt werden, die Alliierten abgezogen und Zwentendorf in Betrieb genommen werden soll. Bis es einen neuen Bundespräsidenten gibt, wird das Amt interimistisch von Heinz Fischers Augenbrauen bekleidet.

 94 415 Leser   21 556 Likes

Wolfgang K.
Auch die Klassensprecher-Wahlen?
1985 hat mir da nur eine Stimme gefehlt.

Susanne G.
Dann lassen wir jetzt alle unsere Vorfahren exhumieren? Ich wollt' meine Eltern eh schon lang mal wiedersehen!

02.07.2016

FPÖ-Anfechtung bei UEFA: Österreich darf EM-Gruppenphase wiederholen

Gute Nachrichten für alle Fußballfans: Die UEFA gab heute einer Anfechtung der FPÖ hinsichtlich der Spielergebnisse aus der EM-Gruppenphase statt. Diese ist damit ungültig, alle Österreich-Spiele müssen wiederholt werden.

Stolz, aber etwas abgekämpft präsentierte FPÖ-Chef Strache persönlich die Entscheidung vor der Presse: „Wir werden so lange anfechten, bis alles mit rechten Dingen zugeht und Österreich Europameister ist", zeigt er sich entschlossen.

ÖFB-Team glücklich

Nationaltrainer Marcel Koller begrüßte diese Entscheidung: „Und offen gesagt habe ich auch schon vor der EM damit gerechnet. Deshalb habe ich meinen Burschen auch gesagt, sie sollen sich in der ersten Gruppenphase schonen und spielen, als wären sie auf Kur-Urlaub, damit wir fit sind für die Wiederholung."

Experten entsetzt

Fußballexperten verurteilen die Entscheidung. Herbert Prohaska findet im **TAGESPRESSE**-Interview harte Worte: „Mir haben einfach schlechter gespielt als den anderen von dem Leistung her.

Leider hat dem Menschheit trotz Fast & Furious 2 bis 7 nicht begreift, das man manchem Dingen nicht wiederholen soll."

Skepsis in Europa
Ganz Europa blickt derzeit skeptisch nach Österreich. Aus anonymen EU-Kreisen hört man Sätze wie „Jetzt fehlt Österreich eigentlich nur mehr, dass eine Kellerfamilie aus einer Wahlurne befreit wird".

 69 893 Leser   13 048 Likes

Gabriel L.
Wir hätten ja Tore schießen KÖNNEN –
das reicht für eine Aufhebung der Spiele!

04.07.2016

Foto: kzenon/123rf.com

„Leb wohl": Familie nimmt Abschied von Sohn, der in die Seestadt Aspern zieht

Zu bewegenden Szenen ist es gestern in Wien-Neubau gekommen. Mehrere Familienmitglieder nahmen Abschied von ihrem langjährigen Sohn Paul (25), der kürzlich einen schweren Schicksalsschlag erlitten hat: Ihm wurde eine Genossenschaftswohnung in der Seestadt Aspern zugesprochen.

Tränen

Bei der Abschiedsfeier ließen viele von Pauls Verwandten ihren Emotionen freien Lauf. „Ich fühle, dass wir uns einmal wiederbegegnen werden", sagt sein in Schwarz gekleideter Vater Klaus mit Tränen in den Augen. „Wenn nicht in diesem Leben, dann im nächsten."

Doch manche Verwandte können es nicht glauben und verleugnen die Wahrheit. „Ach, wir sehen uns ja bestimmt wieder in einigen Monaten!", lacht Cousine Claudia etwas gezwungen. Doch alle Anwesenden wissen: Das ist eine Lüge. Denn um in die Seestadt zu kommen, müsste Claudia zweimal umsteigen – unzumutbar für jeden Wiener.

Einöde

Tatsächlich gleicht die Reise in die Seestadt einer Odyssee.
U-Bahnen fahren nur alle zehn Minuten. Zu Autofahrten durch
die unwirtliche Region wird nur in dringenden Fällen und mit einem ausreichenden Biervorrat geraten, um die Einöde psychisch
ertragen zu können. Tatsächlich ist die Seestadt die einzige Region des Landes, in der man nicht nur betrunken Auto fahren
darf, sondern zur eigenen Sicherheit sogar muss.

Abfahrt

Schließlich ist es für Paul so weit, die 49er-Bim wartet bereits
an der Station. Ein letztes Mal umarmen die Familienmitglieder den Sohn und helfen ihm, seine Habseligkeiten sowie seine
Marihuana-Pflanzen in die Straßenbahn zu heben. Traurig win-
ken sie Paul nach, bis die Bim in die Neubaugasse einbiegt und
für immer verschwindet. Dann macht sich Trauer breit. Es wird
ohne Zweifel einige Tage dauern, bis sie bereit sind, Paul aus ihrer
Facebook-Freundesliste zu löschen.

 73 760 Leser   5963 Likes

> **Walter P.**
> Über St. Pölten hätte man ja noch reden
> können, oder vielleicht die Südstadt, aber
> die Seestadt?

06.07.2016

Foto: Screenshot/UEFA.tv

Endlich Stimmung im Stadion: RB Salzburg kauft isländische Fans um 200 Millionen

Huh! Hammer-Transfer in der Bundesliga: Red Bull Salzburg verpflichtet die Fans der isländischen Nationalmannschaft für zwei Saisonen. Der Kaufpreis beträgt 200 Millionen Euro. Die Fans sollen die Mannschaft auf den Stadionrängen verstärken, wo Salzburg in den vergangenen Saisonen massive Schwächen aufgewiesen hat.

Supertalente

„Unseren Talentscouts ist die Leistung der Fans bei der EM in Frankreich sofort aufgefallen", erklärt Sportdirektor Christoph Freund die Hintergründe zum Deal mit dem isländischen Fußballverband. „Ja, 200 Millionen sind für uns fast schon viel. Aber wenn sie sich bei uns gut entwickeln, verkaufen wir sie in zwei Jahren für das Doppelte an RB Leipzig."

Von den bisherigen Salzburg-Fans habe man sich „im besten Einvernehmen" getrennt, betont Freund und bedankt sich bei allen sieben von ihnen für die gute Zusammenarbeit.

Vereinsseele

„Kritiker werfen uns immer vor, wir haben nur Geld, aber keine Seele. Aber das ändert sich schon bald", verspricht der Sportdirektor. Noch diese Woche soll nämlich ein Vertrag mit einer moldawischen Hexe über den Kauf einer Seele unterschrieben werden.

Und das waren nicht die letzten Verpflichtungen der Transfersaison. Angeblich sollen einige Hundert russische Hooligans für eine Rekordsumme aus einem russischen Straflager nach Salzburg wechseln. Dort sollen sie die Position der Ultras einnehmen und gegnerische Fans nach Spielen ordentlich verprügeln.

 53 965 Leser  16 108 Likes

Baris A.
Die Firma bekommt auch einen neuen Namen: Red Bullson!

Georg C.
Red Bull wer? Haben die den Spielbetrieb nicht eingestellt, weil sie einen Betriebsrat gründen wollten?

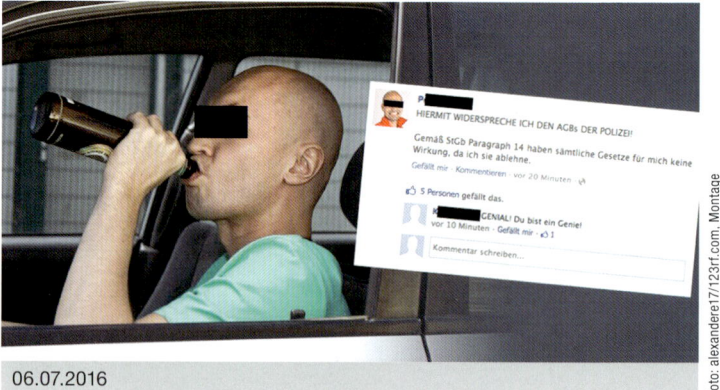

06.07.2016

Foto: alexandere17/123rf.com, Montage

Per Facebook-Posting: Betrunkener Autofahrer widerspricht AGB der Polizei

Glück im Unglück hatte heute ein schwer alkoholisierter Autofahrer. Er wurde von der Polizei angehalten, durfte jedoch ungestraft weiterfahren. Der Mann hatte nämlich am Tag zuvor per Facebook-Posting den AGB der Polizei widersprochen.

„Wir waren zum ersten Mal mit einem Widerspruch in der Form eines Status-Updates konfrontiert. Bisher haben alle Staatsbürger unsere AGB akzeptiert", erklärt Polizeisprecher Roman Hahslinger. „Bis jetzt ist niemand auf diese Idee gekommen. Dieser geniale juristische Trick wird unsere Arbeit deutlich erschweren."

Gefeierter Bürgerrechtler

Die Erklärung des Alkolenkers wurde auf Facebook bereits hundertfach geteilt und übernommen. Er findet sogar prominente Unterstützer. „Dieser Mann hatte einen Traum. Und er hat sich bedingungslos dafür eingesetzt. Er ist für mich der Martin Luther King aller weißen Alkoholiker", sagt etwa Ursula Stenzel.

Österreichweiter Trend

In ganz Österreich beginnen nun Facebook-User, auch verschiedenen anderen AGB zu widersprechen. „Ich hab' vor drei Tagen per Status-Update den AGB meines Elternhauses widersprochen", sagt Jonas G. stolz. Seitdem konsumiert der 13-Jährige durchgehend Softeis und Hardcore-Pornos. Die Eltern haben keine Möglichkeit mehr, ihren Sohn zurechtzuweisen.

Auch wirtschaftliche Folgen scheinen nicht ausgeschlossen. Immer mehr Menschen widersprechen den AGB der Wiener Linien durch ein Posting auf der Facebook-Seite des Unternehmens. Damit dürfen sie offiziell schwarzfahren und können nicht mehr belangt werden.

 94 297 Leser 11 808 Likes

Walter P.
Wo muss man das posten? Auf der Heckscheibe oder den Seitenscheiben?

Sascha K.
Schön wie vielen das gefällt......da sieht man mal wie dumm ihr seit.....weiß nicht was daran gut sein soll betrunken Auto zu fahren ihr deppen.

15.07.2016

Foto: 123RF/Montage

Durchbruch bei Gentechnik: US-Forscher züchten ersten Deutschen mit Humor

Eine medizinische Sensation vermelden US-Forscher aus Boston: Dank modernster Gentechnik gelang es erstmals, einen Deutschen mit Humor zu kreieren.

Experiment gelungen

Jubelnd lagen sich die Forscher in den Armen, als sie Objekt „Jens-Detlef Schulze" im Labor zum ersten Mal sprechen hörten. „Der Typ ist Wahnsinn!", freut sich Chefarzt Dr. Trent Raznor. „Er ist von seiner Abstammung her Deutscher, hat aber gerade einen richtig guten Witz gemacht und kann sogar über sich selbst lachen."

Wissenschaftler hoffen, dass genmanipulierter Humor in Deutschland bald vermehrt zum Einsatz kommen kann, um dort damit schwere Krankheiten wie RTL-Comedy-Shows oder sogar Mario Barth heilen zu können.

Ethisch vertretbar?

Doch wie weit darf Forschung gehen? „Die Gene von uns Deutschen manipulieren? Ich habe da ethische Bedenken", erklärt

Philosoph Richard David Precht. „Ein Deutscher mit Humor wird doch von seinen Artgenossen sofort ausgestoßen und nicht mehr akzeptiert."

Auch von anderer Seite kommt Kritik. Dass bei Deutschen angeblich der für Humor zuständige DNA-Bereich verkümmert ist, während die DNA-Stränge für blonde Haare, lautes Geschrei und In-Österreich-studieren-weil-man-es-zu-Hause-nicht-schafft überdimensioniert sind, halten viele für ein rassistisches Gerücht.

„Wer sagt überhaupt, dass Deutsche keinen Humor haben? Das ist ein Stereotyp, ein Klischee. Man kann doch Menschen nicht nach ihrer Nation vorverurteilen!", zürnt auch ein italienischer Soziologe, während er unsere Reporterin anbaggert.

Erst der Anfang

Die Fachwelt jedenfalls spekuliert bereits mit weiteren Experimenten. „Einen Deutschen mit Humor zu züchten, war ein Kinderspiel verglichen mit dem, was die Gentechnik in Zukunft vorhat", verrät ein renommierter Gen-Biologe. „In einem Geheimlabor in China planen einige Mediziner bereits das Jahrhundertprojekt: den ersten Österreicher zu erschaffen, der nicht übers Wetter jammert."

 53 726 Leser   13 809 Likes

Josephine B.
Ich dachte, der nächste Schritt wäre ein Österreicher, der Fußball spielen kann. Aber Wissenschaft kann wohl doch keine Wunder tun.

Jan D.
Ich, als Deutscher mit Humor, kann über diesen Artikel nicht lachen.

16.07.2016

Foto: Pappenheim, Montage

Nach Putschversuch in Türkei: Österreichisches Bundesheer probiert Punsch

Nach dem Putschversuch des Militärs in der Türkei zieht nun auch das österreichische Bundesheer nach: Über Nacht stellten Einheiten des Heeres völlig unerwartet mehrere Punschstände an strategisch wichtigen Orten in Wien auf. Die Aktion dauerte bis in die frühen Morgenstunden an.

Gegen Mitternacht bauten die Punschisten erste Stände vor dem Parlament und der Hofburg auf. Schon kurz darauf gelang es dem Wiener Bürgermeister Michael Häupl jedoch, seine Unterstützer zu mobilisieren, die auf der Straße lautstark Spritzwein statt Punsch forderten.

„Illegal"

Bundeskanzler Christian Kern zeigte sich über den Punschversuch empört: „Dieser Punsch hat keine Legitimation! Wir haben doch Juli. Kein Mensch will jetzt Punsch." Außerdem bezeichnete der Kanzler den Punsch als illegal: „Das Bundesheer verfügt nämlich weder über Gastronomie-Genehmigungen noch über den erforderlichen Gewerbeschein."

„Menschenrechtlich bedenklich"

Kurzzeitig wurde in ganz Wien eine Ausgangssperre verhängt, die für Empörung sorgte. „Dieses Vorgehen ist menschenrechtlich höchst bedenklich in Zeiten von Pokémon Go", so ein Sprecher von Amnesty International Österreich.

Harte Strafen

Sonderkommandos des Finanzamts gelang es bereits, mehrere Punschstände wieder zu schließen. Den Punschisten drohen nun harte Strafen wegen Hochverrats: „Sie haben keine Registrierkassen verwendet. Das ist ein Verrat am Staat!", so Finanzbeamter Franz S. (56), während er sein Sturmgewehr nach einer Razzia entlädt.

Eurofighter im Einsatz

Doch Gerüchten zufolge handelt es sich bei der Punschaktion tatsächlich um einen gescheiterten Putsch. Zeugen wollen gesehen haben, wie Soldaten nahe Zeltweg einen Eurofighter über die Landstraße rollten. Es kursieren auch Internetvideos, auf denen mehrere Pinzgauer zu sehen sind, die von einem Eselgespann gezogen werden. Beim Bundesheer weist man diese Gerüchte jedoch zurück: „Diese Soldaten haben doch nur Pokémon gesucht", erklärt ein Sprecher.

Neustart?

Nach diesem Vorfall in Österreich und den jüngsten Ereignissen in der Türkei, Frankreich und Co lässt die EU-Kommission nun prüfen, ob es technisch möglich wäre, das Jahr 2016 komplett aus- und wieder einzustecken.

 106 735 Leser   10 097 Likes

> **Dieter H.**
> Wenn's ums Saufen geht, ist unser Militär unbesiegbar …

20.07.2016

„Wollen Beliebtheit nutzen": Grüne ersetzen Glawischnig durch Pokémon

In einer Nacht-und-Nebel-Aktion wurde Grünen-Parteichefin Eva Glawischnig heute abgesetzt und durch ein Pokémon ersetzt. Die Grünen hoffen, von den derzeitigen Beliebtheitswerten des Pokémons profitieren zu können, und wollen so endlich die Massen begeistern.

Pokémon als neuer Grünen-Chef

„Die ganze Welt folgt diesen Pokémon gerade blind. Niemand folgt Glawischnig. Da haben wir eins und eins zusammengezählt", verkündete der Parteivorstand der Grünen bei einer Pressekonferenz im Wiener MuseumsQuartier. „Eva Glawischnig wird mit sofortiger Wirkung durch das Pokémon Knofensa ersetzt, das von Julian Schmid im Augarten gefangen wurde. Die Eva wird der Partei aber als schlechtes Beispiel erhalten bleiben."

Pokémon erobern Österreich

Der Spielehit „Pokémon Go" erfreut sich seit dieser Woche auch in Österreich großer Beliebtheit. Nintendo hat sogar extra für den österreichischen Markt Zusatzfeatures integriert. So ist es in Österreich möglich, seine Pokémon auch im Keller einzusperren. Außerdem gibt es neben den Typen Feuer, Normal und Gestein noch weitere, österreichische Pokémon-Typen wie „Skilehrer", „Beisel-Alkoholiker" oder „Beim-Billa-‚Zweite-Kassabitte!'-Rufer".

Politik stellt sich auf Knofensa ein

In der österreichischen Innenpolitik nimmt man den Führungswechsel gelassen zur Kenntnis und zeigt keine Berührungsängste mit Knofensa. „Das wird schon klappen. Wir haben ja bereits einmal Erfahrungen gemacht mit einem Pokémon als Parteichef", erklärt FPÖ-Chef Strache und verweist auf das frühere BZÖ unter Peter Westenthaler.

 43 873 Leser   14 996 Likes

Alexander B.
Die Tagespresse hat an alles gedacht, denn Knofensa ist so wie unser früherer Bundeskanzler: kein Rückgrat und weicht jeder Konfrontation aus. Nur das mit der ätzenden Säure, die sogar Eisen zersetzen kann, das konnte er nicht.

25.07.2016

Erster Tourist seit 1986: Pokémon-Go-Spieler verirrt sich nach St. Pölten

Endlich mal gute Nachrichten: St. Pölten feiert seinen ersten Touristen seit 1986. Ein Pokémon-Go-Spieler verirrte sich auf seiner Jagd nach den Tierchen in die niederösterreichische Landeshauptstadt und verbrachte dort ganze 30 Minuten – länger als jeder andere Besucher bisher.

Zufall

Dem Jahrhundertereignis ging eine Verkettung glücklicher Umstände voran: Wegen eines Feueralarms kam ein Railjet in St. Pölten zum Stehen. Doch während sich die anderen Passagiere einer Evakuierung widersetzten, um die Stadt nicht sehen zu müssen, nutzte Jonas H. (27) die Chance und machte sich auf Pokémon-Jagd.

Feierlicher Empfang

Schon kurz nach der Ankunft des Besuchers wurde Landeshauptmann Erwin Pröll informiert, der diesen prompt mit einer Blasmusikkapelle empfing. „Es ist uns eine besondere Ehre, Sie hier willkommen zu heißen", erklärte Pröll, während der verdutzte Jonas H. einen Blumenstrauß von der schönsten Jungfrau der Stadt überreicht bekam.

Auch, dass der Besucher den Landeshauptmann für ein Digda hielt und mit Pokébällen bewarf, konnte die feierliche Stimmung nicht trüben. Für eine Besichtigung der Raiffeisen-Filiale – des Wahrzeichens der Stadt – blieb jedoch keine Zeit mehr, da der Railjet von der Polizei wieder freigegeben wurde und seine Fahrt fortsetzen konnte.

Erster Tourist seit Langem

Der letzte derartige Besuch liegt bereits 30 Jahre zurück und wird von örtlichen Touristikern immer noch als das „Wunder von 1986" bezeichnet. Damals stieg ein japanisches Ehepaar frühzeitig aus dem Zug aus, weil die beiden dachten, sie wären schon in Salzburg. Bereits nach 17 Minuten erklärten sie, „mehr Aufregung" zu suchen, und bestiegen den nächsten Zug nach Ybbs an der Donau.

Pokémon Go als Chance?

Pröll will nun auf dem Erfolg aufbauen und Spieler des beliebten Handy-Games gezielt anlocken: „Wir wollen diese Stadt Pokéfreundlich machen", verspricht er und schickt sogleich eine SMS an Innenminister Sobotka. Pröll will sich gemeinsam mit seinem ebenfalls glatzköpfigen Untergebenen zu einem Digdri weiterentwickeln.

 57 648 Leser 14 553 Likes

> **Lisa Q.**
> 30 Minuten ... Hat wer leicht ein Lockmodul g'steckt?

> **Susanne G.**
> Hat er versucht, den Onkel Erwin zu fangen? Ein kurioses, seltenes Pokémon, das Älteste seiner Art.

26.07.2016

Studie: So müsste ein Mensch aussehen, um eine Autofahrt mit Ö3 zu überleben

Die Schäden, die eine mehrstündige Autofahrt mit Ö3 anrichten kann, sind hinlänglich bekannt. Nun haben Wiener Forscher eine Skulptur namens „Gerhard" entwickelt, deren Körper sogar mehrere Tage Ö3-Hören ohne bleibende Hirnschäden überleben könnte. Hintergrund für Gerhards Erschaffung ist die derzeit in Wien tagende Konferenz zur Verhinderung von Verkehrsopfern durch Ö3-ausgelöste Psychosen im Straßenverkehr.

Anatomische Besonderheiten

Durch seine dicke Fettschicht am Schädel kann Gerhard seinen Kopf gegen das Lenkrad schlagen, sooft er will, wenn auf Ö3 zum fünften Mal in Folge „Geiles Leben" von Glasperlenspiel läuft. Besonders kleine Ohren verhindern außerdem, dass sich die krächzende Stimme von Wecker-Folterknecht Robert Kratky zu tief ins Trommelfell gräbt.

Besonderes Augenmerk legten die Forscher auf den Brustbereich der Skulptur: Die Fetteinlagerungen unter dem Nippel fungieren als eine Art Airbag, sollte Gerhard nach stundenlanger

Ö3-Beschallung auf der Autobahn seinem Leben ein Ende setzen wollen und die Lärmschutzwand ansteuern.

Applaus

Beobachter bezeichnen die Skulptur als revolutionär. Durch den Körperbau könnte Gerhard auch ganz andere Belastungen überleben, etwa einen Absturz mit dem Eurofighter oder eine Autofahrt mit Jörg Haider.

Grenzen des Machbaren

Dennoch haben die Forscher ihr Ziel nicht ganz erreicht. Denn ursprünglich wollten sie die Skulptur so gestalten, dass sie auch das Mitternachtsprogramm von FM4 überleben könnte. Es scheint jedoch, als wäre die Wissenschaft hier an der Grenze ihrer Möglichkeiten angekommen.

 77 902 Leser   8480 Likes

> **Peter E.**
> Beeindruckend. Aber gegen den „kleinen Nils" von Kronehit würde nicht mal das helfen.

> **Johannes S.**
> hirngröße auch ideal, um den ö3-callboy lustig zu finden.

GRATIS iPHONE
FÜR FPÖ-WÄHLER!

30.07.2016

Foto: Die Tagespresse/Apple, Montage

Tolle Aktion! Hartlauer verteilt Gratis-iPhones an FPÖ-Wähler

Hartlauer lässt mit einer herzerwärmenden Aktion aufhorchen: Am heutigen 30. Juli verteilt die Elektrokette in allen Filialen kostenlose iPhones 6s an Wähler von Norbert Hofer. Interessenten müssen lediglich ihren ausgefüllten Wahlzettel von der letzten Präsidentenwahl präsentieren.

Falsche Gerüchte

„Nachdem gestern falsche Gerüchte über Gratis-iPhones für Asylwerber auf Facebook kursierten, haben wir Mitleid bekommen", erzählt Robert Hartlauer. „Wer Flüchtlingen ihr Feldbett in einem überfüllten Massenquartier wirklich so neidig ist, dass er derartige Lügen verbreitet, dem muss es ja wirklich miserabel gehen."

Hartlauer zögerte keine Sekunde und öffnete sein Herz und seine Lagerräume, um notleidenden FPÖ-Wählern unter die Arme zu greifen.

Frustration

„Die Not ist real", erklärt Soziologin Dorothea Blume im Gespräch mit der **TAGESPRESSE**. „Viele FPÖ-Wähler müssen ihre Hasspostings aus Geldmangel mit einem Android-Phone schreiben.

Manche können statt auf der ‚Uni des Lebens' nur auf der ‚Schule des Lebens' studieren. Es ist verständlich, dass sich da irgendwann eine Riesenwut anstaut."

Doch Smartphones für Asylanten?

Wie mittlerweile bekannt wurde, dürfte an den Smartphone-Gerüchten übrigens doch mehr dran sein als bisher gedacht: Ein Insider packt aus, dass einige Flüchtlinge tatsächlich kostenlose Handys bekommen haben. Allerdings haben die Gerüchte einen traurigen Haken: Es handelte sich um Windows-Phones.

 65 064 Leser   12 439 Likes

Isabella U.
Die Tastaturen dieser Handys müssen dann aber auf jeden Fall eine Wahlwiederholung haben.

Thomas H.
Apple hat sogar ein Sonderdesign entwickelt: Das iPhone gibt's in schickem Braun, und die Taste 8 gibt's sogar zweimal!

05.08.2016

Foto: Die Tagespresse

Türkei zu unberechenbar: EU beginnt Beitrittsverhandlungen mit IS

Paukenschlag nach den jüngsten Entwicklungen in der Türkei! Die EU zieht die Notbremse und bricht die Beitrittsverhandlungen wegen der problematischen demokratiepolitischen Entwicklungen ab. Sie will den Expansionskurs trotzdem fortsetzen und einen neuen Beitrittskandidaten in Position bringen: den zuletzt umstrittenen IS.

„Ja, uns trennt viel", gesteht EU-Kommissionspräsident Jean-Claude Juncker auf einer gemeinsamen Pressekonferenz mit dem IS-Kalifen Abu Bakr al-Baghdadi ein. „Aber machen nicht Unterschiede das Leben so viel reizvoller? Und außerdem heißt es ja: Was sich liebt, das neckt sich."

Reformen gefordert

Bis zum Beitritt steht dem jungen Land freilich noch ein langer Weg bevor. „Der IS wird viele Reformen umsetzen müssen", meint Juncker. So sind im Islamischen Staat nach wie vor die gefährlichen 100-Watt-Glühbirnen erlaubt. Auch müssen Speisekarten noch nicht auf Allergene hinweisen. Das könnte die Beitrittsverhandlungen verlängern – „um bis zu vier Monate".

Startschwierigkeiten

Insider berichten jedoch von ersten Problemen. So wurde ein erster Gesandter aus Brüssel, der nach Rakka reiste, enthauptet und mit einem „Tod den Ungläubigen!"-Schild auf einem Pferd zurückgeschickt. Juncker selbst bestätigt lediglich „kleine Stolpersteine" bei den Verhandlungen.

Grüne Kritik

Kritisiert wird die Aufnahme der Verhandlungen von den Grünen. „Die Ideologie des IS ist einfach zu rückständig", meint Grünen-Chefin Glawischnig. „Das beweist etwa die neueste Terrordrohung gegen den Westen. Diese ist absolut katastrophal gegendert."

Gefährliche Abhängigkeit

Heftige Kritik kommt auch von FPÖ-Chef HC Strache: „Wir dürfen uns hier nicht in eine gefährliche Abhängigkeit begeben. Der IS schürt die Ängste der Menschen perfekt – diese Aufgabe müssen wir in Zukunft noch viel stärker als bisher selbst wahrnehmen."

 69 301 Leser 15 366 Likes

> **Daniel G.**
> Da gibt's sicher bald Zwetschken (außen blau, innen braun), die das für echt halten und teilen.

> **Mesut D.**
> „Eurovision Song Contest 2017"-Hit aus dem IS: „Killing Me Softly".

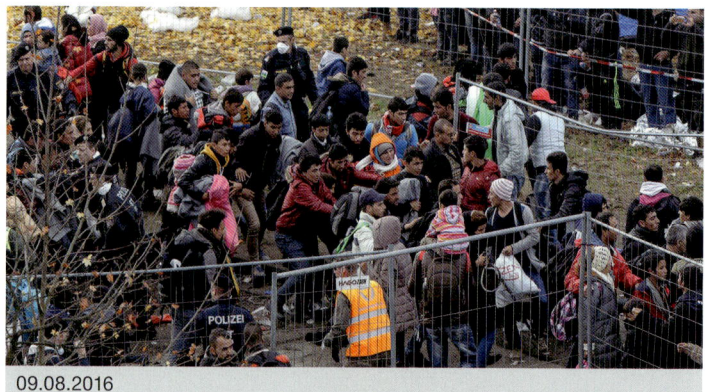

09.08.2016

Foto: Pixsell/EXPA/picturedesk.com

Integration gescheitert? Noch kein einziger Flüchtling hat Kellerfamilie gegründet

Die österreichischen Traditionen und Werte sind schwerer zu vermitteln als erwartet: Noch kein einziger Flüchtling hat es bisher geschafft, eine eigene Kellerfamilie zu gründen. Das ergab eine Studie im Auftrag des Innenministeriums. Nun wird ein radikales Umdenken im Bereich Integration gefordert.

„Das Ergebnis ist besorgniserregend", so Sophie Fessel (36), Leiterin der Umfrage unter 600 Asylwerbern. Sie sieht den österreichischen Traum – einen Baum pflanzen, ein Haus bauen, eine Familie gründen, eine Kellerfamilie gründen – stark gefährdet.

Kritik

Innenminister Wolfgang Sobotka ist schockiert: „Wer in diesem Land nach unseren Traditionen leben will und es nicht schafft, eine mehrköpfige Kellerfamilie zu gründen, der kann zu unserer Gesellschaft wenig beitragen." Hier fehle ihm eindeutig der Leistungsgedanke.

Massive Defizite

Massive Defizite gibt es auch in den typisch österreichischen Kategorien „Sudern", „permanentes Opfergefühl" und „Ausländerfeindlichkeit". Eine weitere Großbaustelle ist das Schimpfen. Kein einziger Flüchtling konnte die drei Beispielsätze fehlerfrei aussprechen: „Hoit die Bappn, du Oaschloch", „Du deppate Hua host ausgschissn bei mia" und „Geh scheißen, du Heisltschick".

Regierung reagiert

Vertreter aus SPÖ und ÖVP signalisierten bereits Handlungsbereitschaft. So soll noch in dieser Legislaturperiode die Kellerfamilienbeihilfe erhöht werden. Außerdem will das Lagerhaus ein spezielles Einsteigerpaket anbieten, bestehend aus Mischbeton, Lärmschutzwänden und Lüftungsanlage für den Erstkellerpapa.

 47 443 Leser    6103 Likes

> **Michael G.**
> Alles, wofür Österreich bekannt ist, geht verloren: fettes Schweinefleisch, Rassismus, Alkoholmissbrauch, häusliche Gewalt und Inzest … :-(

> **Anna F.**
> Integration muss von beiden Seiten passieren! Hier gebe ich genauso den Kellerfamilienvätern mit ihren Kontaktängsten die Schuld. Es liegt an uns allen, unsere Kernkompetenzen an unsere neuen Mitbürger weiterzugeben und zu forcieren!

11.08.2016

Foto: Die Tagespresse

Olympia: Bisher unbekannter Bodenturner ohne Rückgrat begeistert ganze Welt

Was für eine Körperbeherrschung! Ein in der Sportwelt bisher völlig unbekannter Athlet holte bei den Olympischen Spielen in Rio die Goldmedaille im Bodenturnen. Als Sportler ohne Rückgrat begeisterte er mit seinen atemberaubenden Posen Millionen Zuseher auf der ganzen Welt.

Vorbereitet hat sich der Turner, der in seinem Brotberuf als Taxifahrer in Brüssel arbeitet, laut eigenen Angaben als langjähriger österreichischer Bundeskanzler. „Ich habe gezielt viele verschiedene absurde Positionen in sehr kurzer Zeit eingenommen und mir so langsam das Rückgrat wegtrainiert", erzählt er mit Tränen in den Augen. Er ist nun am Höhepunkt seiner Karriere angekommen.

Rätselraten

Doch wer ist der Mann, der die Sportwelt verzaubert? Wir zeigen ranghohen Vertretern seiner angeblichen ehemaligen Partei Fotos von ihm. Doch keiner kann sich an ihn erinnern. Selbst ZIB-2-Moderator Armin Wolf, der jeden wichtigen Politiker kennt, schwört: „Ich habe diesen Mann noch nie gesehen."

Vorbild

Ganz Rio steht nach der Kür des Unbekannten Kopf. Auch in China konnte er sich durch seinen akrobatischen Auftritt eine große Fanbasis schaffen. Tausende chinesische Kinder investieren ihre gesamte Freizeit, um so zu werden wie der biegsame Unbekannte. „Ich schalte mit dem Geld meiner Eltern mehrere Zeitungsinserate mit meinem Gesicht. Ich hoffe, irgendwann werde ich dann auch so gut wie er", sagt der 6-jährige Bodenturner Kai Lei aus Shanghai.

Olympischer Geist

Der Sportler trat für das olympische Refugee-Team an. „Auch wenn er für einen Olympioniken schon sehr alt ist, haben wir ihm eine Chance gegeben. Er hat keine Ausbildung und keine Perspektiven – und trotzdem hat er uns alle verzaubert. Danke für diesen Moment, galanter Unbekannter", so Tegla Loroupe, Chef de Mission des Refugee-Teams.

 84 931 Leser 19 167 Likes

> **Manfred K.**
> Hey, den kenn ich, er war Taxler in Wien und dann hat er beim Häupl Michl ein Praktikum oder etwas in der Art gemacht!

16.08.2016

„Endlich eine, die so denkt wie ich": Gabalier verliebt sich im Museum in Neandertalerin

Romantische Szenen spielten sich gestern im Naturhistorischen Museum in Wien ab: Der bekannte Volksmusiker Andreas Gabalier verliebte sich unsterblich in „Sara", eine Neandertaler-Figur im zweiten Stock des Gebäudes. Nun weigert er sich, von ihrer Seite zu weichen, bis ihm das Museum die Pappfigur schenkt.

Romantisch

Wir treffen das Traumpaar bei einem romantischen Abend im Museum. Um seiner Angebeteten zu gefallen, hat Gabalier sogar im ersten Stock ein ausgestopftes Wildschwein erlegt, das die beiden nun über einem Lagerfeuer grillen.

„Sie ist die Erste, die mich wirklich versteht und mich so akzeptiert, wie ich bin", schwärmt der Alpen-Rock-'n'-Roller gegenüber der **TAGESPRESSE**. „Wir teilen auch dieselben Wertvorstellungen: Der Mann geht jagen, während das Weib daheimbleibt, die Kinder pflegt und das Feld pflügt."

Hindernisse

Gabalier räumt aber auch Unterschiede ein: „Klar, wir haben ja einen völlig anderen Hintergrund. Das ist immer so, wenn der eine aus einem modernen, entwickelten Umfeld kommt und der andere aus der Steiermark."

Doch Sara lässt sich nicht anmerken, dass sie seit Jahren in der Nähe des bekannten Hipster-Bezirks Neubau lebt und im Museum Menschen aus vielen Nationen angetroffen hat. „Ich hab' von ihr noch kein einziges arrogantes Wort gehört", so Gabalier. „Dadurch, dass die Sara jahrelang in einem Glaskasten gestanden ist, hat sie außerdem kein Problem mit der gläsernen Decke. Sie ist perfekt."

Museum bleibt hart

Wird das Naturhistorische Museum diese Liebe zulassen und Sara gehen lassen? Eine Sprecherin winkt ab: „Nein, das wäre unverantwortlich. Die beiden stammen aus einer jeweils komplett anderen Zeit! Sara wurde im 19. Jahrhundert gebaut. Gabaliers Ansichten dagegen werden von Forschern auf das frühe 17. Jahrhundert datiert." Es scheint, als dürfe diese Liebe einfach nicht sein.

 60 522 Leser   12 585 Likes

Dragan S.
Ach, herrlich, wenn sich zwei Menschen treffen, die sowohl geistig als auch sprachlich miteinander kompatibel sind!

Mirco C.
Hahaha, Andi G. „im Museum", klar …
Manchmal übertreibt ihr schon ziemlich.

19.08.2016

Foto: Die Tagespresse

Widerlich! Frequency-Besucher pinkelt in normale Toilette statt auf Zelt

Ekel-Alarm am Frequency Festival: Ein Besucher aus Wien wurde von Securitys dabei erwischt, als er in eine normale Toilette pinkelte statt auf ein Zelt, so wie jeder andere Besucher. Die Veranstalter wollen das Festival trotz des Zwischenfalls nicht abbrechen und rufen die Besucher auf, Ruhe zu bewahren.

„Am Frequency ist kein Platz für zivilisiertes Verhalten!", stellten die Organisatoren klar, werben aber auch um Verständnis: „Bei so vielen Menschen, die obendrein noch viel Alkohol konsumieren, kann eben schnell irgendjemand auf Kurzschlusshandlungen kommen." Demnach handle es sich um einen bedauerlichen Einzelfall. Der Täter wurde bereits seines Eintrittsbands entledigt und in die Traisen geworfen.

Nur Spitze des Eisbergs?

Doch Quellen aus dem Zeltlager des Festivals berichten von furchtbaren Zuständen: „Statt sorglosen 17-Jährigen sind hier dieses Jahr nur mehr 30-jährige Büromenschen unterwegs", verrät Katharina G. aus Wien. Einige Besucher sollen sogar einen WLAN-Hotspot eingerichtet und eine Gin-Bar eröffnet haben.

Politik tatenlos

Angesichts der Zustände mehren sich die Rufe nach einer politischen Intervention. Doch das Rathaus von St. Pölten winkt ab. „Jedes Jahr kommen wegen dem Frequency 130 000 Menschen nach St. Pölten", erklärt ein Insider. Deshalb beträgt die offizielle Einwohnerzahl der Stadt auch 130 451. Ohne diesen statistischen Kniff wäre St. Pölten laut Gesetz nur eine Gemeinde.

Zwischenlösung

Um Zwischenfälle wie den aktuellen künftig zu verhindern, sollen die Toiletten nun direkt hinter den Duschen platziert werden. „Da geht ohnehin das ganze Wochenende niemand hin", ist der Veranstalter optimistisch.

 53 567 Leser   6421 Likes

Thomas T.
Verstörend! Genauso wie der Mann, der neulich in einem Starbucks saß und ohne Laptop, Handy etc. einfach einen „Kaffee" getrunken hat – wie ein Psychopath!

Hans E.
Die Drecksau wollte sich womöglich auch noch die Hände waschen!

22.08.2016

Foto: Die Tagespresse

Burka-Alarm: Strache nimmt Sonnenschirm fest

Burka-Alarm mitten in Wien! FPÖ-Chef Heinz-Christian Strache erblickte gestern vermeintlich eine verschleierte Muslimin und hielt sie fest. Nach eingehender Ermittlungsarbeit durch die Polizei stellte sich die Burka-Trägerin jedoch als harmloser Sonnenschirm heraus.

„Man kann heutzutage gar nicht vorsichtig genug sein", erklärt Strache, der den Sonnenschirm gegen 11 Uhr vormittags am Heimweg vom Praterdome erspähte. Im Glauben, es handle sich um eine radikale IS-Terroristin, die von ihrem Mann unterdrückt wird, stürzte er sich todesmutig auf den Schirm und verständigte die Polizei.

Zugriff

Mehrere Cobra-Beamte, die sich aus Hubschraubern abseilten, nahmen die Zielperson fest und lieferten sie in die Justizanstalt ein. Nachdem stundenlange Befragungen durch Verhörspezialisten ohne Ergebnis blieben, wurde ein Amtsarzt hinzugezogen. Dieser stellte nach eingehender Untersuchung fest, dass es sich um einen Sonnenschirm handelt.

Der Schirm verhielt sich laut Behörden nicht kooperativ. Über ihn wurde aus Sicherheitsgründen Untersuchungshaft verhängt, bis „letzte Zweifel" ausgeräumt sind, bestätigt eine Justizsprecherin. Außerdem wurde ihm einstweilen ein Pflichtanwalt beigestellt. Dem Anwalt zufolge will sich sein Mandant vorerst nicht zu den Vorwürfen äußern.

Kämpfer

Trotz des Irrtums würde Strache wieder so handeln: „Ich bin doch ein Feminist, ich liebe Frauen! Bis sie 25 werden und Hängetuttln kriegen." Daher will er weiterhin für ein Burka-Verbot eintreten. „Weil: Wer Frauen vorschreibt, was sie tragen dürfen, das bestimmen immer noch wir!"

 55 922 Leser 8930 Likes

Willy K.
Bei der freitäglichen Steinigung in Mekka wurden irrtümlich drei Sonnenschirme gesteinigt. Bandion-Ortner plädiert für Sonnenschirm-Verbot in Saudi-Arabien …

23.08.2016

Foto: Die Tagespresse

Endlich: Computerhändler präsentiert erste Tastatur für Wutbürger

Was für ein Service: Extra für Wutbürger hat ein Grazer Computerhändler eine spezielle Tastatur anfertigen lassen, mit der sich Hasspostings nun noch schneller verfassen lassen.

Wutbürger-Tasten

„Buchstaben sind ohnehin überbewertet", freut sich Wutbürgerin Gertrude M. aus Ebensee beim Kauf der Tastatur. Auf dem Keyboard befinden sich nicht die herkömmlichen Buchstaben von A bis Z, sondern ausschließlich die Zeichen „!" und „1" sowie vorgefertigte Tasten für Begriffe wie „Scheinasylant", „Lügenpresse" oder „Gutmensch".

Kein Leerzeichen

Außerdem wurde die lange Leerzeichentaste ersetzt durch den Satz: „und das ist der Beweiß, das das alles total gestäuert ist vom Finanzjudentuhm." Das Leerzeichen an sich wurde gleich ganz weggelassen. „Gut so!!!", schreit Wutbürgerin Gertrude M. erfreut. „Leerzeichen braucht man nicht! Wut kennt keine Pause!" Ohne Leerzeichen habe Gertrude in ihren Texten endlich mehr Platz für sinnvolle Dinge, etwa ihre Wut.

Tastatur wird zum Verkaufsschlager

Die Wutbürger-Tastatur war in Wien bereits am ersten Tag aus-
verkauft. „Und wir haben auch schon einen Großabnehmer",
freut sich der Erfinder und verschickt 400 Exemplare an die FPÖ.

Auch Gertrude war nach dem Kauf begeistert. „Ich hab' meinem Mann gleich zum 50. Geburtstag eine hübsche Karte geschrieben", erklärt sie stolz und zeigt uns eine pinke Karte. Einge-
rahmt in ein Herz prangt darauf in bunter Comic-Sans-Schrift der
Begriff „Scheinasylant !1!!11!!!!".

 45 138 Leser   9898 Likes

> **Marlene K.**
> wo is DANKE MERKEL?????

> **Gika W.**
> Wo ist der „Das wird man ja noch sagen
> dürfen"-Button? SO ist die Tastatur nicht
> verwendbar!

24.08.2016

Foto: Die Tagespresse

Ein-Euro-Jobs für Zuwanderer: Niavarani zum Straßenkehren eingeteilt

Nicht schlecht staunte der Kabarettist Michael Niavarani, als er in seinem Postkasten eine behördliche Weisung vorfand, die ihn zum Straßenkehren in Wien-Simmering aufforderte. Der Brief wurde persönlich von Integrationsminister Sebastian Kurz gezeichnet, der Zuwanderer zu Ein-Euro-Jobs verpflichten will.

Ärger

„Das ist doch absurd, ich bin kein Zuwanderer!", erklärt Niavarani sichtlich verärgert, während er bereits in Arbeitsmontur ein Hundstrümmerl aus der Sandkiste in einem Park in Simmering entfernt. „Ich bin in Wien geboren", sagt er und präsentiert der **TAGESPRESSE** ein ärztliches Attest, laut dem bereits 27 Prozent seines Körpers aus Schnitzel bestehen.

Erdrückende Beweislast

Über seinen Anwalt versuchte Niavarani, Einspruch gegen die Weisung zu erheben – erfolglos. Denn das Innenministerium lieferte dem Gericht 7240 Stunden Videomaterial von Niavarani-Auftritten. Darin witzelt der Kabarettist ausschweifend über sein

Leben als persischer Zuwanderer, thematisiert seine massiven Integrationsprobleme und prahlt mit seiner schlechten Arbeitsmoral.

„Oida, das ist doch alles nur Schmäh, damit die Leut' mein Programm anschauen!", meint Niavarani, während er mit den anderen Straßenkehrern zur Mittagspause ein Pittinger vor einem Penny-Markt trinkt.

Arbeitsmoral

Sebastian Kurz bleibt im **TAGESPRESSE**-Gespräch trotz der Kritik hart: „Schluss mit dem Künstler-Lotterleben! Der Herr Mikhael Ali Niavarani soll einmal lernen, was es heißt, hart zu arbeiten." Denn Kurz will den Kabarettisten vor seinem eigenen Schicksal bewahren: „Anstatt mir einen richtigen Job zu suchen, wurde ich noch während des Studiums Staatssekretär. Was habe ich alles verpasst!"

Sinneswandel

Gegen Feierabend scheint Niavarani jedoch schon Gefallen an seinem neuen Job gefunden zu haben: „Zugegeben, ich verdiene zwar etwas weniger. Aber dafür ist die Bezahlung regelmäßig, und kein Produzent schneidet mit." Daher will er ab Oktober auf der Bühne im Kabarett Simpl aufkehren.

 64 161 Leser 14 668 Likes

> **Sepp W.**
> Und der Stermann als illegal eingewanderter Piefke kommt wieder drumherum?! #DankeMerkel

> **Tristan S.**
> who kehrs?!

26.08.2016

Foto: gstockstudio/123RF

Wegen Vermummungsverbots: Polizisten zwingen Hipster, sich zu rasieren

Nachdem französische Polizisten vor wenigen Tagen eine Muslimin in Nizza zum Ausziehen ihres Burkini zwangen, sorgt nun hierzulande ein ähnlicher Vorfall für Aufregung. Bei einer Routinekontrolle am Donaukanal fiel der Polizei am Badeschiff ein Mann auf, der aufgrund seiner Vollbehaarung im Gesicht gegen das Vermummungsverbot verstieß.

Der Bart verdeckte drei Viertel seiner Gesichtszüge. Außerdem trug er trotz sommerlicher Hitze eine Haube, ein kariertes Flanellhemd sowie eine lange Hose mit Trägern. Da er jedoch keine Motorsäge bei sich hatte, konnte die Polizei ausschließen, dass es sich um einen harmlosen Holzfäller handelt. Daher forderten sie ihn auf, seine Gesichtsverschleierung umgehend zu entfernen.

Prominentes Opfer

Wie sich herausstellte, handelte es sich bei dem Mann um den 28-jährigen Hipster Severin Ferdinand P. – stadtbekannter Lifestyle-Blogger und Betreiber eines beliebten Pop-up-Stores für Design-Katzenklos aus eingeschmolzenen Schellackplatten in Wien-Rudolfsheim-Fünfhaus.

„Die zwei Beamten drückten mir einen Mainstream-Einweg-Rasierer in die Hand, und ich musste mich vor allen Anwesenden rasieren. Das war so demütigend", erinnert sich Severin Ferdinand. „Ich wollte sogar noch nach Hause gehen und wenigstens mein Vintage-Rasiermesser holen, das ich letztes Jahr für 700 Euro auf einem Flohmarkt in Berlin gekauft habe. Aber sogar das wurde mir verwehrt!"

Weltweite Solidarität

Womit die Uniformierten freilich nicht rechneten: Die Amtshandlung wurde von Anwesenden fotografiert. Die Bilder sorgten in den sozialen Medien unter dem Hashtag #abartheit sogleich weltweit für eine Welle der Empörung. Zahlreiche Menschen posteten Bilder davon, wie sie sich aus Solidarität ihren Bart abrasieren, darunter auch viele Promis wie Conchita Wurst und Fiona Grasser.

Severin Ferdinand P. sieht die Sache mittlerweile hingegen wieder entspannter: „Die ganze Sache hat mich sogar auf eine neue Geschäftsidee gebracht. Ich möchte bald einen neuen Pop-up-Store für Burkas aus alten LKW-Planen eröffnen", erzählt er mit strahlenden Augen.

 40 463 Leser 10 812 Likes

Michaela T.
Korrektur: WEIBLICHE Polizisten (Polizistinnen) zwingen männliche Hipster, endlich Kinn zu zeigen!!

31.08.2016

Foto: Georg Hochmuth/APA/picturedesk

Befunde zu früh geöffnet: FPÖ fordert Wiederholung von Van-der-Bellen-Untersuchung

Kerngesund! So lautet das Ergebnis der medizinischen Befunde, die Alexander Van der Bellen nach Krebsgerüchten heute veröffentlichte. Doch die FPÖ ortet bereits zahlreiche Unregelmäßigkeiten. FPÖ-Chef Strache fordert nun eine komplette Wiederholung der Untersuchung.

„Insider aus dem Krankenhaus berichten uns Schockierendes", erklärt Strache der **TAGESPRESSE**. „Einige der Befunde wurden viel zu früh geöffnet." Außerdem lägen der FPÖ Hinweise vor, dass es bei der Auszählung der Blutwerte zu Formalfehlern durch die Ärzte gekommen sein soll.

FPÖ-Beisitzer fehlte

Auch bei den Labor- und Computertomografie-Untersuchungen von Lunge und Bauch sei nicht alles mit rechten Dingen zugegangen, denn ein Arztbeisitzer der FPÖ fehlte. Vier Tage lang sollen nun insgesamt 90 Zeugen in dieser Angelegenheit befragt werden. „Da kann was nicht stimmen", meint Strache. „Jede Zigarette verkürzt das Leben um sieben Minuten. Laut unseren Berechnungen müsste er schon seit 1782 tot sein."

Zu früh sortiert

Ein weiterer schwerwiegender Vorwurf: Van der Bellens Blutproben wurden vom Labor zu früh vorsortiert. Das mache das „eingespielte Team" auf Nachfrage der **TAGESPRESSE** schon seit Langem so, es habe „noch nie Beanstandungen gegeben". Die Aufklärung der Vorwürfe wird wohl dauern.

Unabhängige Untersuchung

Die FPÖ sieht durch die Ungereimtheiten einen möglichen Einfluss auf das Untersuchungsergebnis. Laut mehreren Experten scheint eine Aufhebung somit wohl unumgänglich zu sein. Bei der Wiederholung soll Van der Bellen durch ein unabhängiges Ärzteteam aus Russland untersucht werden, das Strache in den letzten Jahren bereits einen negativen Drogentest und einen positiven Ariernachweis ausstellte.

 88 267 Leser   18 311 Likes

> **Martin H.**
> Und wenn es mir nicht gefällt, dann wiederholt so lange, bis es MIR passt, tralalalala.

01.09.2016

Foto: 123rf.com

Gluten, Laktose, Fruktose: Wie intolerant sind Hipster wirklich?

Sie sind laktoseintolerant, fruktoseintolerant, und für Gluten haben sie nichts übrig außer Hass und Verachtung: Hipster. Im Restaurant kennen sie schon lange kein Pardon mehr, doch immer mehr Mitbürger haben Angst und fragen besorgt: Wie intolerant sind Hipster wirklich?

Hipsterhetze

Im Wiener MuseumsQuartier treffen sich regelmäßig radikalisierte Hipster, um ihre intoleranten Hassbotschaften im Netz zu verbreiten. „Lactose raus aus unserer Österreichischen Küche !!!11!!1!", schreibt Hipster Noah-Atlantico (Name von der Redaktion nicht geändert) in seine negative TripAdvisor-Bewertung eines Wiener Restaurants. Danach teilt er auf Facebook ein Bild mit dem Slogan: „Lieber 1000 Nazis in meiner Nachbarschaft als 1 Getreidebauer!"

Noch einen Schritt weiter geht Mariella-Pinteresta, die zornig erklärt: „Ich könnte nie jemanden daten, dessen Spotify-Account nicht glutenfrei ist. Bands, die in ihren Lyrics Wörter wie ‚Bread' oder ‚Noodles' verwenden, kommen mir nicht in meine Ohren!"

Kopfschütteln bei Passanten

Ein unweit entfernt sitzender Gast eines Cafés beobachtet die Gruppe misstrauisch. „Glutenintolerant? Des san de Leit, de glauben, sie miassn sterben, nur weils nochm Essen an Schas lossen", schüttelt der Mann den Kopf.

Er selbst lässt sich von derartigen neuen Trends nicht beeinflussen: „Laktose, Fruktose, scheiß in die Hose! I loss ma doch ned mein Gusto nehmen auf mei tägliches Wiener Frühstück: zwa Käsleberkässemmeln und drei Bier."

 35 798 Leser   3530 Likes

> **Dominik T.**
> Als Nächstes kommt Arbeitsintoleranz bei hippen Vegetariern und Veganern dazu, weil behauptet wird, dass der Chef ein Schwein ist …

02.09.2016

Foto: Spaxia/123RF, Montage

Experten warnen: Deutsche Sprache degeneriert vong Internet her

Sprachexperten schlagen Alarm: Laut einer neuen Studie degeneriert die deutsche Sprache vong Internet her. Durch soziale Medien wie Twitter hat sich in den letzten Monaten eine völlig neue Fantasiesprache wie eine Epidemie ausgebreitet. Hunderttausende Kinder und Jugendliche zählen zu den Opfern. Das Bildungsministerium will gegensteuern.

„Die Ergebnisse sind bestürzend", schreibt Sprachforscher Kurt Prödel (45) in seiner Studie. Er und sein Team untersuchen die Ursachen und wollen wichtige wissenschaftliche Fragen beantworten, wie etwa: „Was ist das für 1 Life?", „Wie hart kann man sich eigentlich gönnen?" und „Wohin ist Satellit abgestürzt?".

Wut bei den Betroffenen

„I bim wütend! Die Wissengschafs-Larrys hann k1 Ahnung vong Lingo her und k1 Schwangs in der Hose! I rasier die, bis alle weimen! Amina Koyim!", sagt Wenzel (17) aus Wien-Döbling. Der Sohn eines Steuerberaters und einer Steuerberaterin hat vor drei Wochen nach seinem Klavierunterricht auf YouTube Deutschrap für sich entdeckt. Besonders gerne hört er Yung Hurn. Seitdem fühlt sich Wenzel verpflichtet, seinem sozialen Umfeld seine Zugehörigkeit zur Szene sooft wie möglich zu zeigen.

Spektakuläre Gehirn-Scans

Fälle wie Wenzel gibt es viele. Die Warnungen der Experten werden durch spektakuläre MRT-Scans von den Köpfen mehrerer österreichischer Millennials vom AKH untermauert. Demnach schrumpfte das Sprachzentrum im Gehirn vieler Patienten auf die Größe eines Chia-Samens. Der frei gewordene Raum wurde dagegen vom Hirnzentrum für das Aussuchen passender Snapchat-Filter eingenommen.

Gegenmaßnahme geplant

Das Bildungsministerium setzt auf eine Gegenmaßnahme: Beliebte österreichische Vorbilder wie Herbert Prohaska sollen als Schutzherren der Sprache landesweit durch Schulen touren.

„Wie wird dem alles nur weitergehen, wenn mir jetzt nicht handelm?", fragt sich Prohaska besorgt. „Ich sage jeden Jugendlichem, dem ich treffe, dass er dem Sprache mehr respektierem muss. Gemeinsan können mir dem Sprachverfall aufhaltem. Dafür steh ich mit meinen Namem."

 52 234 Leser   6618 Likes

Mario H.
ohman, nach 1 windos aktualesirung
mein tastatuhr schreib schon vong aleine
diese fantaschtise worte. is wohl irgenwo 1
übersetzter ein gebaut vong technik her.

Sascha B.
Bin dafür, dass man dem Herbert Prohaska, der was als Retter der Sprache gilt,
zukünftig als neuem Duden-Herausgeber
einsetzt. Denn dann wird es die Hurnkinder, die was unsere Sprache verschlechtern, nicht mehr geben.

05.09.2016

Foto: Jasmin Merdan/123RF, Montage

Ist er doch kein Ausländerfeind?
Hofer lässt sich mit Flüchtlingsfamilie
fotografieren

Was für ein schönes Signal wenige Wochen vor der Wahl! FPÖ-Kandidat Norbert Hofer zeigt sich von seiner besten Seite und lässt sich bei einem Besuch in einem Asylheim sogar mit einer Flüchtlingsfamilie aus Syrien fotografieren. Damit will er laut eigenen Angaben böse Gerüchte widerlegen, er sei ein Ausländerfeind.

„Aber bitte, ich hab' doch nichts gegen Ausländer", beteuert Hofer, während er sich beim Besuch die Hände desinfiziert. „Das sind zum Teil sogar anständige Leute. Einige meiner besten Freunde sind anständig!"

Freundlich winkt er jedem Flüchtling aus einer Armlänge Entfernung zu und erklärt der **TAGESPRESSE**: „Ja, auch ich habe manchmal Lust, nicht zu arbeiten und einfach die Füße hochzulegen. Man könnte also fast sagen: Sogar in mir steckt ein Ausländer."

Kalkül

Das Foto mag einige überraschen. Doch Politologe Peter Filzmaier bleibt unbeeindruckt: „Hofer weiß: Er kann die Wahl nur gewinnen, wenn er nicht wie ein völlig irrer Rechtsextremer rüberkommt, sondern wie ein ganz normaler Rechtsextremer", analysiert er.

Insidern zufolge war dies nicht die letzte Aktion, um sich bei linken Wählern beliebt zu machen. Ein Sprecher bestätigt, dass sich Hofer nächste Woche mit FREITAG-Tasche und Birkenstock-Sandalen in den Burggarten setzen will, um sich mit den dortigen Hippies „ein bisschen Haschgift zu spritzen".

 65 876 Leser   6173 Likes

Diana S.
Um das Eis zu brechen, überreichte Hofer der Familie als Willkommensgeschenk einen Strauß Kornblumen.

Lutz B.
Wer ist jemals davon ausgegangen, auch nur ein freiheitlicher Politiker oder Wähler könnte ein Problem mit Ausländern haben? Sie haben doch nur Probleme mit Menschen, die keine Österreicher sind.

07.09.2016

Foto: Manfred Helmer/Wiener Linien. Montage

Auf vielfachen Fahrgast-Wunsch:
U6 bekommt Kebabstand-Waggon

Seit Jahren durchziehen regelmäßig zärtliche Schwaden süßen Kebab-Duftes die Garnituren der Wiener U6. Nun kommt endlich zusammen, was zusammengehört: Die U6 bekommt einen eigenen Kebabstand-Waggon.

Kebabstand-Waggon eröffnet

„Sodala, Fahrscheine bitte, und einen Kebab mit scharf!", hallt es durch die U-Bahn, als ein Kontrolleur der Wiener Linien seinen Dienst im neuen Kebabstand-Waggon antritt. „Darum beneidet uns die Welt!", zeigt sich auch der Sprecher der Wiener Linien erfreut. „Der neue Waggon garantiert erstmals eine durchgehende Versorgung mit Kebab zwischen den beiden international führenden Kebab-Nationen Meidling und Floridsdorf."

Fahrgäste begeistert

Ein junges Paar aus Meidling nutzt den Kebabstand-Waggon bereits am ersten Tag für ein romantisches Candle-Light-Dinner. „Wir haben uns am Handy die Kerzenschein-App aufgedreht", erzählt die junge Dame verliebt. „Ja, wir genießen das Essen und die Aussicht auf den Gürtel. Genau so habe ich mir meine Flitter-wochen vorgestellt", setzt ihr Ehemann fort.

Weitere Innovationen geplant

Die Wiener Linien planen nun im Zuge einer Modernisierung bereits weitere Innovationen. So bekommt die U2 einen eigenen Schlafwaggon, damit man sich während der 20-stündigen Fahrt in die Seestadt Aspern erholen kann.

In der U4 will man das Drogenproblem endlich aktiv angehen, wie der Sicherheitssprecher der Wiener Linien verrät: „Der letzte Waggon fährt jetzt unter holländischer Flagge. Dort ist Hanf-anbau ab sofort legalisiert."

 70 991 Leser 17 747 Likes

> **Karla L.**
> Ich finde die Idee nicht gut. So wie abgebildet ist, hat man nur 1 Minute, um den Kebab zu kaufen. Besser wäre, wenn der Verkäufer mit den Kebabs durch die Waggons laufen und dabei herumbrüllen würde: KEBAB! KEBAB NUR 3 EURO!!! Der Käufer muss nicht aufstehen und der Gestank verteilt sich gleichmäßig.

08.09.2016

Foto: Apple/Montage

Revolutionär: iPhone 7 kommt ohne Bildschirm

Was sich gestern in Kalifornien abgespielt hat, gleicht einer Revolution: Apple präsentierte mit dem neuen iPhone 7 das erste Mobiltelefon seit 1987, das ohne Bildschirm ausgeliefert wird. Experten feiern das Design als „innovativ" und „richtungsweisend".

„Bildschirme haben uns immer nur abgelenkt von den Menschen in unserem Leben, die uns wichtig sind", erklärte Apple-Chef Tim Cook vor Tausenden Anhängern, während diese vor Begeisterung simultan in ihre Skinny-Jeans ejakulierten. Das iPhone 7, das in Österreich für günstige viereinhalb Monatsgehälter zu haben sein wird, lässt sich komplett über Siri bedienen.

Auch unter Fans kommt das Weglassen des Bildschirms positiv an: „Jetzt, wo der Bildschirm fehlt, sind auf beiden Seiten große Apple-Logos angebracht", schwärmt WU-Student Julian (19) begeistert. „Damit können jetzt doppelt so viele Leute sehen, dass ich ein iPhone habe."

Als besonders visionär werden die kabellosen Kopfhörer bezeichnet. „Jetzt dürfen Sie nicht nur Ihr Handy, Ihr Tablet und Ihre Apple Watch täglich aufladen, sondern auch ihre Kopfhörer", jauchzte Cook begeistert. „Willkommen im Jahr 2016!"

Der Verkaufsstart in Österreich ist für den 16.9. angesetzt. Flüchtlinge bekommen ihr Gratis-iPhone 7 jedoch schon morgen direkt von der Caritas, wie immer in Kombination mit den Puff-Gutscheinen.

 99 849 Leser   13 279 Likes

Markus M.
Endlich ein Telefon, bei dem nicht ständig der Bildschirm zerkratzt ist und beim Runterfallen zerbricht!

Stefan M.
Das erklärt zumindest die lange Schlange vor der Caritas heute morgen.

12.09.2016

Nächste Panne: Klebestreifen von Van der Bellens Zigaretten öffnen sich

Auch das noch! Die Bundespräsidentenwahl ist um eine Panne reicher: Bei allen Zigaretten, die Alexander Van der Bellen rauchen will, öffnet sich der Klebestreifen. Dadurch fällt der Tabak heraus und sie können nicht mehr verwendet werden. Warum sich der Klebstoff bei allen Zigaretten, die Van der Bellen angreift, löst, ist noch unklar.

Wahltermin vorverlegen

Nach der dramatischen Panne will Van der Bellen nun so schnell wie möglich wählen. Bis jetzt war er noch für eine Verschiebung auf einen späteren Termin. „Wer glaubt, mir geht jetzt die Luft aus, der hat leider absolut recht", sagte Van der Bellen im **TAGESPRESSE**-Interview, zu dem er in einem Ganzkörper-Nikotinpflaster erschien.

Hofer dagegen

Auch sein Kontrahent Norbert Hofer änderte seine Position um 180 Grad: Er fordert statt dem 2. Oktober nun einen wesentlich späteren Wahltermin: „Irgendwann 2017 würde mir genauso passen, ich bin da sehr flexibel." Da die Wahlen nun drohen, extrem kompliziert zu werden, könne sich Hofer auch „einen Anschluss an Deutschland sehr gut vorstellen".

Ärzte warnen

Van der Bellens Ärzte schlagen nach der Zigarettenpanne Alarm. Wenn er nicht mindestens sechs Schachteln pro Tag raucht, könnte sich sein Gesundheitsbefund zum Schlechteren ändern: „Wir befürchten einen Anstieg seiner Nervosität." Die Ärzte raten ihm, für Notfälle stets eine Bong bei sich zu tragen.

 64 194 Leser 14 659 Likes

Stefan S.
FPÖ fordert Abschaffung der Zigarette und will nur mehr das Pfeifenrauchen erlauben.

Daniel F.
Hat man in diesem Fall Anspruch auf eine Wiederholung der Zigarettenschachtel- ausgabe in der Trafik?

12.09.2016

„Wann ich will, wo ich will und wie ich will": Sobotka macht jetzt Präsidentenwahlen bei Humboldt

In der Sonne liegen und Neues lernen: Diese Pläne hat Innenminister Sobotka heute angekündigt. Er macht ab sofort den Lehrgang „Präsidentenwahlen durchführen" bei Humboldt.

„Wann ich will, wo ich will und wie ich will. Einsteigen und aufsteigen!", jauchzt Sobotka aufgeregt bei der Anmeldung im Wiener Institut. In den kommenden Monaten wird er von den Experten bei Humboldt in die Geheimnisse der Briefwahlkuverts, die hohe Kunst der Klebestreifen und fortgeschrittene Auszähltechnik eingeweiht.

Nach sechs Monaten erhält er dann den prestigereichen Titel „MSc of Wahlwiederholung" sowie eine Gehaltserhöhung. Für die Dauer des Lehrgangs wird Sobotka in Bildungskarenz gehen und zwischenzeitlich von einem UHU Stic vertreten.

Doch trifft Sobotka womöglich keine Schuld am Wahldebakel? Das Innenministerium bestätigte mittlerweile, dass der schadhafte Klebstoff aus Deutschland geliefert wurde. Die deutsche Kanzlerin Angela Merkel reagierte bereits und versprach neue Kuverts: „Wir schaffen das!"

40 960 Leser 10 179 Likes

Christoph S.
Dich hol ich locker ein und mach jetzt den Bundespräsidenten und natürlich den Werkmeister!

14.09.2016

Foto: Vladimir Simicek/AFP/picturedesk.com, Montage

Schon wieder auf Satire reingefallen: Strache hält „Österreich"-Artikel für echte Meldung

Nicht schon wieder! FPÖ-Chef Strache fiel erneut auf eine Satiremeldung hinein. Diesmal ging er dem Satire-Magazin *Österreich* auf den Leim. Er hielt einen Artikel der renommierten Scherzpostille für echt und teilte diesen auf Facebook.

Komplett erfunden

„Strache so beliebt wie noch nie", lautete die Meldung, die der Oppositionsführer stolz und mit sieben Smileys teilte. „Aber die Umfrage ist komplett erfunden", bestätigt Chefredakteur Wolfgang Fellner, den wir in seiner Redaktion im fünften Untergeschoß der Wiener Kanalisation treffen.

„Das Sample von 500 befragten Wienern gab es nie. Ich hab' nur Micki und Mutzi befragt", kichert Fellner und zeigt auf die beiden querschnittgelähmten Tauben, die in seiner Frisur wohnen.

Mit Fake-Meldungen zum Erfolg

Seit Jahren sorgt das Satiremagazin *Österreich* mit seinem Internetauftritt für Lacher. Hunderttausende Leser amüsieren sich über erfundene Interviews mit Sportstars oder unterhaltsame

Schlagzeilen wie „Komet, der wie Hitler aussieht, schlägt morgen auf der Erde ein". „Dass unsere Satire nicht erkannt wird, kommt immer wieder vor", lacht Fellner amüsiert.

Wolfgang Fellner Superstar

Satire-Mastermind Fellner lebt für seinen Job. „Alles bei uns ist Fake! Auch ich tue nur so, als wenn ich ein Mensch wäre", kichert die fleischgewordene 200-Kilo-Pointe Fellner verschmitzt. Ernsthaften Journalismus hätte er sich nie vorstellen können: „Dieses Rescherschieren mag ich gar nicht."

Strache steht zu Fehler

Strache gestand seinen Fehler inzwischen ein. Löschen will er die Meldung aber trotzdem nicht: „Meine Fans denken doch nicht in so überholten Kategorien wie ‚wahr' oder ‚falsch'. Hauptsache, es lässt mich gut aussehen und Ausländer schlecht."

Erst im Frühling hat Strache vor einer totalen Unterwanderung des Abendlandes durch Tiere gewarnt, nachdem er den Film „Zoomania" für eine realistische Dokumentation gehalten hatte.

 121 097 Leser   9321 Likes

Bella S.
So a ehrliche Haut. So nah an seinen Wählern. Passt sich sogar ihrem Intelligenzquotienten an.

Draganinho S.
HC Strache glaubt eben viele Dinge, wie auch z. B., dass er das Ergebnis der Bundespräsidentenwahl so lange anfechten kann, bis das passende Ergebnis dabei herauskommt.

17.09.2016

Foto: 123RF, Montage

Hofer fordert FPÖ-Wahlbeisitzer bei jeder einzelnen Stimmabgabe

Nachdem Norbert Hofer bereits ein Wahlverbot für geistig Behinderte und ein Ende der Briefwahl forderte, geht er jetzt noch einen Schritt weiter: Er will bei jeder einzelnen Stimmabgabe FPÖ-Wahlbeisitzer anwesend haben. Diese sollen sicherstellen, dass keine Ergebnisse manipuliert werden, indem Wähler seinen Gegenkandidaten Van der Bellen ankreuzen.

Unter die Arme greifen

„Unsere freundlichen Wahlbeisitzer werden in der Wahlkabine behilflich sein, damit jeder weiß, wo er das Kreuzerl machen muss", erklärt Hofer bei einer Pressekonferenz. Zur Sicherheit tragen alle Beisitzer einen Baseballschläger bei sich, „damit sie das Wahlkuvert zuklopfen können, falls der Klebestreifen schadhaft ist", so Hofer.

Ein ähnliches Wahlbeisitzer-Modell wurde zuletzt sehr erfolgreich bei einer Volksabstimmung im Jahr 1938 angewendet. Um ähnlich chaotische Wahlgänge wie die Stichwahl im Mai zu verhindern, fände es Hofer vernünftig, die Kandidaten der anderen Parteien erst gar nicht zuzulassen.

Uneigennützig?

Geht es nach den Plänen der FPÖ, sollen auch Häftlinge das Wahlrecht verlieren. Hier können Experten keinen Eigennutzen für die Partei erkennen, denn schließlich handelt es sich bei vielen Ex-FPÖ-Politikern selbst um Häftlinge. Die Polizei vermutet, dass die Kriminalitätsrate unter Asylwerbern nicht einmal halb so hoch ist wie unter FPÖ-Funktionären.

 43 821 Leser 5146 Likes

> **Bianca B.**
> Ihr habt sie doch nicht mehr alle beisammen.Diese radikale Hetze nervt echt nir noch.Und die Linken stehen in erster Reihe…die ach so toleranten.Widerlich!

22.09.2016

Foto: Die Tagespresse

Brangelina-Aus: Sorgerechtsstreit um Kinder löst Bürgerkriege in Afrika und Asien aus

Verheerende Folgen wird laut Politexperten die Scheidung zwischen Angelina Jolie und Brad Pitt haben: Der Sorgerechtsstreit um ihre gemeinsamen Adoptivkinder wird in mehreren asiatischen und afrikanischen Staaten zu Bürgerkriegen führen.

UNO warnt

„Die rechtliche Lage, wem Adoptivkinder nach der Scheidung gehören, ist unklar", erklärt ein Vertreter der UNO in New York. Laut internen Berichten und Satellitenaufnahmen dürften Jolie und Pitt zuletzt sogar über „etwa acht Kinder aus zwölf verschiedenen Nationen verfügt haben". Im Zuge der Scheidung werden auch deren Heimatstaaten territoriale Ansprüche anmelden.

Rebellen formieren sich

„Jahrelang haben ‚Brangelina' ihre Macht und ihren Reichtum schamlos ausgenutzt", klagt ein Mitarbeiter von Amnesty International. „Sie haben Entwicklungsländer schonungslos ausgebeutet und sich Gesetze zurechtgebogen, um Kinder billig in die USA zu importieren." Nun rächt sich die Gier.

In Äthiopien und Vietnam formieren sich bereits Rebellengruppen, die die Kinder mit Gewalt zurückholen wollen. „So ein Kind von Brad Pitt bedeutet Millionengewinn!", schreit auch General Haile Kidan von der äthiopischen Rebellengruppe NBB (Nationale Brangelina-Befreiungsfront).

Friedensverhandlungen
Während die UNO bereits Blauhelme in den Kinderzimmern stationiert, gibt es aber auch Befürworter der Scheidung: „Die Nachrichten über ‚Brangelina' haben die Zeitungen dominiert und endlich den Syrienkonflikt aus den Nachrichten verdrängt. Vielleicht könnten sie sich ja jede Woche scheiden lassen?", so ein Insider.

Gerüchten zufolge war der Zeitpunkt der Scheidung nicht zufällig. Angelina hat die Scheidung angeblich nur deshalb so schnell eingereicht, weil sie gelesen hatte, dass nun auch Richard Lugner wieder Single ist.

 40 449 Leser   4969 Likes

Julian F.
Gegen Richard Lugner kann ein Brad Pitt nun mal nicht mithalten.

Rupert E.
Kann man die nicht einfach wieder zurückgeben? Vielleicht finden sie die Rechnung nimmer.

23.09.2016

Foto: Ernst Kainerstorfer/picturedesk.com

Erstes Wahlversprechen: Düringer will Soldaten mit Aluhüten statt Helmen ausrüsten

Was für ein Tempo! Schon am Tag nach der Parteigründung stellt Neopolitiker Roland Düringer sein erstes Wahlversprechen vor: Um das Bundesheer zukunftsfähig zu machen, will er alle Helme durch Aluhüte ersetzen. Dadurch sollen die Soldaten im Ernstfall nicht von den USA und Angela Merkel per Telepathie gesteuert werden können.

Die Vorschläge stoßen bei einigen Vertretern des Bundesheeres auf Kritik. „Wie sollen wir mit Aluhüten kämpfen? Bei jedem Windstoß fliegen sie davon, und schon ein kleiner Ast kann sie durchstoßen", erzählt ein Rekrut genervt, der für Düringer einen Aluhut testen musste. Der Soldat befindet sich derzeit im AKH Wien, da er beim Test von einem kleinen Ast leicht am Kopf verletzt wurde.

Keine Impfungen
Aluhüte sind nicht der einzige Vorschlag Düringers. Zum noch besseren Schutz sollen österreichische Soldaten ab sofort nicht mehr geimpft werden, „damit sie sich keinen Autismus einfangen".

Es sind Vorschläge, die beim Volk gut ankommen, etwa bei Bernd G. (23) aus Wels. Er gibt Düringer einen Vertrauensvorschuss: „Er ist in jeder Hinsicht eine Inspiration für mich. Ich will, dass jemand alle politischen Entscheidungen für mich trifft, der für sich selbst die Entscheidung getroffen hat, Bartperlen zu tragen."

Außerdem, so Düringer, soll nach seiner Machtübernahme Herr Ingenieur Breitfuß, bekannt aus der Doku-Reihe „MA 2412", Staatssekretär für Innovation und Bürokratieabbau werden.

Marchfeld statt Silicon Valley

Cyberangriffe auf Österreich will Düringer verhindern, indem er „flächendeckend das Internet abschalten" lässt. Außerdem wolle er Österreich zurück ins Zeitalter der Agrarwirtschaft führen.

„Diese ganzen Maschinen braucht niemand. Unsere Antwort auf das Silicon Valley ist das Marchfeld. Was essen Sie lieber? Trockene Computerchips oder saftige österreichische Bratkartoffeln? Eben!", so Düringer, während er eine reife Karotte abwäscht, die er in seinem eigenen Ohr angebaut hat.

 45 949 Leser 4674 Likes

> **Alexander L.**
> Ich kann es kaum erwarten, bis unser wiedererstarktes Heer mit Granderwasserwerfern, Globuli-Kanonen und Schüßlersalz-Granaten gegen die von den Echsenmenschen gesteuerte Pharmalobby in den Krieg zieht, welche unsere Kinder mit aluminiumhaltigen Impfungen zu gedankenkontrollierbaren Sklaven des Ostküstenkapitals machen will!
> X Düringer!

29.09.2016

Foto: Die Tagespresse

Nächster „Heute"-Aufdecker: Asylant bestiehlt Falco in Zielpunkt-Filiale

Hut ab vor dieser Recherche! Schon Anfang der Woche berichtete die Gratis-Zeitung *Heute* über einen Diebstahl durch einen Asylwerber an einer australischen Sängerin im Wiener Nachtclub „Grelle Forelle". Jetzt landet das Medium den nächsten Coup und deckt exklusiv einen Diebstahl an Superstar Falco in einer Zielpunkt-Filiale auf.

Der Tatverdächtige, Asylwerber Murat M., stahl Falco demnach seine Geldbörse, als dieser gerade am Wurstregal stand. Der Täter flog auf, weil er an der Kassa mit Schilling-Noten bezahlen wollte, die sich in Falcos Geldbörse befanden.

Polizeibekannt

Heute zufolge konnten die Behörden den Verdächtigen Mohammed M. noch am Tatort festnehmen. Der Asylwerber, der aus dem Islam stammt, war bereits polizeibekannt: Vor zwei Monaten wurde er dabei erwischt, als er im Asylheim masturbierte. *Heute* berichtete über den Vorfall unter der Schlagzeile „Asylant vergewaltigt sich selbst!".

Ein Polizeisprecher bestätigte gegenüber *Heute* mittlerweile, dass Mahmoud M. am 30. Februar 2017 mit einer Hercules-

Maschine des Bundesheeres zurück in den Islam abgeschoben wird.

Superstar bleibt cool

Falco selbst sieht den Vorfall im Exklusivinterview mit dem *Heute*-Redakteur gelassen: „Du, ich habe keine Angst. Ich weiß, dass wir bei Herrn Prof. Doskozil und Herrn Mag. Kurz in sicheren Händen sind, die werden alle Terror-Asylanten abschieben. Und übrigens, die *Heute* ist die beste Zeitung. Ich lese euch jeden Tag!"

 60 991 Leser   12 362 Likes

> **Alex M.**
> Stimmt! Hab ich auf Facebook gelesen, und die Nichte vom Arbeitskollegen von meinem Nachbarn kennt einen Mitarbeiter der Filiale. Der hat gemeint, er hat auch „Allahu Akbar" geschrien.

> **Ömer K.**
> Lügenpresse, das war net beim Zielpunkt. Das war beim Niedermeyer!!!!!!!!!!

30.09.2016

Foto: Fotolia

Muss das sein? „Spatzenpost" druckt jetzt nackte Frauen auf Seite 3

Die Zeitungskrise macht auch vor der Schulzeitung *Spatzenpost* nicht halt: Um endlich wieder mehr Leser anzulocken, will die *Spatzenpost* ab sofort auf Seite 3 nackte Frauen abdrucken.

„Spatzenpost" neu

„Das – ist – sexy – Lena", liest die Klasse 2B der Volksschule Kaltenleutgeben gemeinsam im Chor. Im Deutschunterricht wird heute erstmals die Beschreibung des Nacktmodels in der *Spatzenpost* durchgenommen. „Lena – präsentiert – am – Bärenfell – ihr – Holz – vor – der – Hütte."

Eine Hand schnellt in die Höhe: „Frau Lehrerin, was ist Holz vor der Hütte?" Geduldig klärt die Lehrerin die Kinder auf. Als Hausaufgabe sollen sie dann eine eigene Beschreibung für das Nacktmodel schreiben.

Nacktheit in Schule kein Problem

Verantwortlich für die Nackte in der *Spatzenpost* ist Chefredakteur Hans Fleckmann (53). Dass Volksschüler mit Nacktheit konfrontiert werden, findet er kein Problem: „Die Kinder kennen heutzutage nackte Frauenkörper ohnehin vom Urlaub am Strand, wo sie ja am Handy den ganzen Tag Gangbang-Pornos schauen", erklärt er und nippt am Strohhalm aus einer Schulmilch.

Weitere Änderungen geplant

In der *Spatzenpost*-Redaktion plant man bereits weitere Änderungen, um wieder konkurrenzfähiger zu werden. „Von unseren sechs- bis zehnjährigen Lesern überhaupt nicht angenommen wurde leider die neue Rubrik Kontaktanzeigen sowie die Aktion Gratis-Vignette zum Abo", gibt ein Redakteur zu.

Er kündigt aber zugleich eine neue Kolumne an: „Wir haben jetzt den Schani: ein junger Kolumnist mit einer lustigen Krone am Kopf. Der Schani spricht Dinge an, die sich sonst niemand traut." Gleich in seinem ersten Text sorgt Schani für Aufregung und behauptet: „Es sind vor allem ausländische Schulkinder, die in die Kriminalität abdriften und beim Schaukeln mit dem Sessel erwischt werden."

 34 889 Leser  2969 Likes

Franz D.
Also das ist wirklich das letzte erst jetzt erfahre ich das meine Kinder so gute Hefte in der Schule bekommen und dann auch noch so tolle Videos am Handy schauen. Ich muss gleich mal auf der Homepage der Spatzipost ein Abo für mich beantragen und von meinen Kids mir die Webseiten sagen lassen.

02.10.2016

Steht alleine im Wahllokal: Van der Bellen vergisst, dass heute doch keine Wahl ist

Wie soeben bekannt wurde, steht der grüne Präsidentschaftskandidat Alexander Van der Bellen derzeit alleine in einem Wiener Wahllokal herum, um seine Stimme für sich selbst abzugeben. Denn offenbar hat er vergessen, dass die ursprünglich für heute geplante Wahl inzwischen verschoben wurde.

Van der Bellen wählt schon heute

„Ich habe mir schon gedacht, aber hallo, na servus, da ist aber wenig los, da kommen wir bei der Wahlbeteiligung ja nicht mal auf 0,1 Prozent", sagt Van der Bellen über den Vorfall. Dass die Wahl auf Dezember verschoben wurde, habe er „in all dem Wahlkampfstress der letzten Wochen irgendwie nicht mitbekommen. Ich komme ja nicht zum Zeitunglesen!"

Große Hürden bei Wahl

Van der Bellen konnte laut eigenen Aussagen heute Morgen nur unter großen Schwierigkeiten seine Stimme abgeben. „Die Tür war verschlossen, ich musste erst das Fenster einschlagen und reinklettern", erzählt der Präsidentschaftskandidat, der vermutete, dass demokratiefeindliche Kräfte das Wählen diesmal besonders schwer machen wollten.

„Als ich dann endlich drinnen war, musste ich mir sogar noch eine eigene Wahlkabine aufbauen und einen Wahlbeisitzer rufen, um zu wählen." Dieser war es schließlich auch, der Van der Bellens Irrtum aufklärte.

Nächster Versuch im Winter

Trotzdem wirkt er erleichtert, als er sich zur Entspannung erst einmal eine Stange Marlboro anzundet, die er sich mit beiden Händen in den Mund schiebt. Als DɪE**TAGESPRESSE** Van der Bellen daran erinnert, dass die Wahl auf Dezember verschoben wurde, verfinstert sich dessen Miene plötzlich: „Dezember, sagen Sie? Hm … na ja … also … das wird ein Problem. Da bin ich ja normalerweise schon im Winterschlaf."

 92 000 Leser   17 141 Likes

Milan K.
sinnlos so einen Schwachsinn (!) zu verbreiten … ist weder geistvoll noch besonders lustig … ein Trauerspiel … was einem Supergehirn so einfällt …

Herbert Z.
Der andere Kandidat hat sicher schon die Wahlanfechtung abgegeben!

03.10.2016

Foto: Die Tagespresse

„Bis du heiratest, ist's wieder gut": Wiener Oma (87) erhält Medizin-Nobelpreis

Der Medizin-Nobelpreis wurde heute überraschend an die vierfache Oma Ludmilla Maier (87) aus Wien-Hietzing vergeben. Sie wird für ihre bahnbrechende Erkenntnis „Bis du heiratest, ist's wieder gut" ausgezeichnet, die Millionen Kranken in aller Welt Hoffnung gegeben hat.

Das Preisgeld in der Höhe von einer Million Euro wurde Frau Maier auf eigenen Wunsch bereits in einem Sparstrumpf überreicht.

Praktische Anwendung

Viele Krankenhäuser wenden Maiers Methode bereits erfolgreich an. So werden etwa im Wiener AKH Patienten mit Blinddarmdurchbruch nicht mehr operiert, sondern verheiratet. Ob die Lebenserwartung dadurch erhöht werden kann, muss eine Langzeitstudie noch zeigen. Falls bei der Studie Patienten zu Schaden kommen sollten, beruhigt Maier: „Einmal ist keinmal."

Medizinisches Talent

Woher Maier ihr übernatürliches Talent für die Wissenschaft hat, ist unklar. Die Oma ist Autodidaktin und hat nie eine Universität besucht. Sie führt ihre Gabe auf ihre eigene Mutter zurück: „Der Apfel fällt nicht weit vom Stamm", so Maier.

Knapp geschlagen

Knapp geschlagen wurde die 89-jährige Oma Elfriede Lechner aus dem Burgenland mit ihren medizinischen Erkenntnissen „Ein Indianer kennt keinen Schmerz" und „Die Zeit heilt alle Wunden". Sie gilt als Topfavoritin für das nächste Jahr. Maier wünschte ihrer schärfsten Konkurrentin dafür „Hals- und Beinbruch".

Weiterer Preisträger

Mit dem Chemie-Nobelpreis ausgezeichnet wurde außerdem der Meidlinger Mittelschüler Dragan (13), der die Auswirkungen eines Mentos in einer Cola-Flasche auf dem Sportplatz seiner Schule umfassend erforschte.

 42 734 Leser 6443 Likes

> **Michaela H.**
> Ich hab sogar mal gehört, dass das Beste bei Schmerz wäre, wenn er nachlässt.

> **Peter M.**
> Opa Herbert gilt mit seiner bahnbrechenden Erkenntnis zum Klimawandel „Wenn der Hahn kräht am Mist, ändert sich das Wetter – oder bleibt, wie's ist" als haushoher Favorit für den Nobelpreis in Physik!

04.10.2016

Foto: 123RF, Montage

Während Dienstreise: Sebastian Kurz „vergisst" Mitterlehner bei Autobahnraststation

Ein furchtbares Unglück unterlief gestern der ÖVP-Familie: Während einer Dienstreise wurde ÖVP-Obmann Reinhold Mitterlehner von Sebastian Kurz bei einer Autobahnraststation „vergessen".

ÖVP auf Dienstreise

„Die Stimmung im Auto war gut, das Radio lief, wir haben mitgeschunkelt zu einem Pröll-Interview auf Radio Niederösterreich", erinnert sich ein ÖVP-Politiker an die Fahrt zurück. Doch plötzlich fiel auf, dass auf der Rückbank schon seit einer halben Stunde niemand mehr um TTIP geweint und nach einem 80-Stunden-Arbeitstag geschrien hatte: „Da wussten alle sofort: Oh Gott, der Mitterlehner ist weg!" Tatsächlich befand sich der ÖVP-Chef noch an einer 70 Kilometer zurückliegenden Autobahnraststation.

Sebastian Kurz erschüttert

Schuld am Zwischenfall ist Sebastian Kurz, der Mitterlehner „vergessen" haben dürfte, als die ÖVP gerade zwischen Amstetten und St. Pölten Richtung Zukunft unterwegs war. Kurz selbst zeigt sich zerknirscht lächelnd: „Also, im Nachhinein tut es mir unter Umständen eventuell fast ein bisserl leid."

Dass er Mitterlehner absichtlich „vergessen" habe, lässt Kurz nicht gelten: „Also, das ist eine Unterstellung. Wenn ich Mitterlehner loswerden will, könnte ich ihn doch ganz normal bei der Raiffeisen aussetzen. Die kümmern sich immer rührend um Ex-ÖVPler."

Mitterlehner leidet

Am meisten jedoch leidet der ÖVP-Chef selbst, der in der Öffentlichkeit immer mehr an Ansehen verliert. „Vom Django-Image ist nicht mehr viel übrig", analysiert Politexperte Filzmaier. „Mitterlehner ist inzwischen in der ÖVP eher der ‚Kevin – Allein zu Haus'."

In der ÖVP-Familie sucht man für den angeschlagenen Obmann bereits neue Aufgaben, denen er sowohl physisch als auch intellektuell gewachsen ist. „Ich hab' da einen Ein-Euro-Job für ihn", erklärt Innenminister Sobotka. „Mitterlehner wird Winzerkönigin beim Pröll."

 50 277 Leser    8010 Likes

> **Lutz B.**
> Die Häme ist unangebracht. Offenbar ist er ein kranker Mann. Seine Position in der Flüchtlingsfrage hat er ja auch vergessen. Und Leute, die an Alzheimer-Demenz mit frühem Beginn leiden, haben Mitleid verdient.

05.10.2016

Foto: Stephen Orsillo/123rf

Roboter ersetzen immer mehr Berufe: Wiener (56) verliert Job als USB-Stick

Immer mehr Roboter bringen die menschliche Arbeitskraft unter Druck. Nun verlor der Wiener Alois Hudlböck (56) seinen geliebten Job als USB-Stick. Gemeinsam mit Hudlböcks Arbeitsplatz könnte dieser jahrhundertealte Lehrberuf schon bald aussterben.

Familientradition

„Schon mein Opa war USB-Stick, das hat bei uns lange Familientradition", erzählt Hudlböck. „Leider konnte er sich am Schluss immer weniger merken, aber das gehört zum Berufsrisiko."

Nun scheint diese Tradition zu einem tragischen Ende zu kommen. „Ich habe meinen Job geliebt, aber am Schluss habe ich mich immer öfter mitgenommen und benutzt gefühlt", so Hudlböck.

Im Stich gelassen

Hudlböck erhebt weitere schwere Vorwürfe gegen seinen ehemaligen Arbeitgeber: „Anfangs war alles super. Aber jetzt, wo sie mich nicht mehr brauchen, haben sie mich einfach entfernt, ohne mich korrekt auszuwerfen."

Umschulung

Um auf dem Arbeitsmarkt bestehen zu können, will sich Hudlböck nun umschulen lassen. Nach seiner Karriere als USB-Stick
wird er, wenn alles klappt, schon bald sieben Tage pro Woche
24 Stunden am Tag in einem Privathaushalt als WLAN-Router arbeiten. „Das ist doch ein gutes Signal", freut sich Hudlböcks AMS-
Betreuer, während er das WLAN testet und Hudlböck anerken-
nend auf die Schulter klopft.

 31 498 Leser   3883 Likes

Clemens B.
Fristlose Kündigung oder wurde die
Hardware „sicher entfernt"?

Franz D.
Es ist traurig, dass solche dinge passieren.
Ich hab auch meinen wlan maxl entsorgt.
Hab mir dafuer eine knackige junge
hotspoterin ins wohnzimmer gestellt.

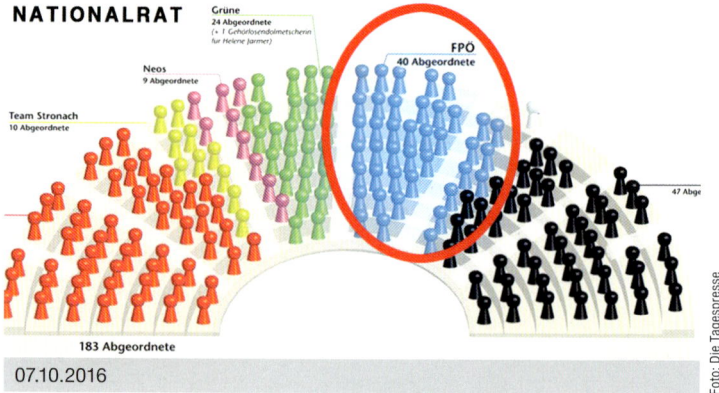

Foto: Die Tagespresse

Mitten in Wien! Experten identifizieren Gegend mit höchster Kriminalitätsrate

Wien wird immer gefährlicher: Sicherheitsexperten legten heute eine schockierende Untersuchung vor, wonach ausgerechnet eine Gegend mitten im Wiener Parlament die höchste Kriminalitätsrate in ganz Österreich aufweist. Sind die Behörden überfordert?

Tatsächlich lässt sich im Nationalrat ein kleiner Bereich eingrenzen, wo Gesetze keine Wirkung haben und die Staatsgewalt schon lange aufgegeben hat. Ein Clan namens „FPÖ" soll hier herrschen und in seinen Reihen eine höhere Kriminalitätsrate aufweisen als Chicago, Bagdad und die U6 – gemeinsam!

Anrainer in Angst

„Wir fühlen uns nicht mehr sicher", klagt ein Nationalratsabgeordneter gegenüber der **TAGESPRESSE**. „Seit wir wissen, dass der mutmaßliche Urkundenfälscher Christian Höbart oder die verurteilte Hasspredigerin Susanne Winter nur zehn Meter weiter sitzen, trauen wir uns gar nicht mehr in den Plenarsaal rein." Er fordert mehr Polizei und Videoüberwachung.

Staat machtlos

Die Stadt Wien hat bereits Streetworker in die betroffene Gegend geschickt, um der Lage Herr zu werden. Doch einer packt gegenüber der **TAGESPRESSE** aus: „Diese Menschen sind wirklich verzweifelt. Sie wissen: Sie sitzen noch zwei Jahre im Nationalrat, dann spalten sie sich wieder auf in ein BZÖ oder ein Team Stronach, und dann werden sie abgewählt und arbeitslos." Ohne Perspektive würden viele unweigerlich in die Kriminalität abdriften, Drogenexzesse sind oft die Folge.

Lokalaugenschein

DiE**TAGESPRESSE** wagt sich in das Gefahrengebiet vor und nimmt im Parlament mit einem Mitglied des Clans Kontakt auf. „Alles eine Verschwörung der linken Jagdgesellschaft", entgegnet dieser empört. „Ich bin ein anständiger, hart arbeitender Mann. Fragen Sie meinen Bewährungshelfer!"

 51 247 Leser   9054 Likes

Franz D.
Ich wäre ja dafür, sofort um dieses Gebiet einen 3 m hohen Zaun aufzustellen. Grenzkontrollen!

Christa K.
Da werden aber Kickl und Strache wie Rumpelstilzchen hüpfen und bereits an der nächsten Klage tüfteln.

10.10.2016

Nächster Republikaner distanziert sich: Satan will Trump nicht wählen

Ein Parteikollege nach dem anderen wendet sich von Donald Trump ab. Jetzt entsagt auch der prominente Republikaner Satan persönlich dem kontroversen Kandidaten die Unterstützung. Damit verliert Trump die Unterstützung einer Persönlichkeit, an der sich viele andere Republikaner orientieren.

Satan, der in den 1960er-Jahren wegen Richard Nixon in die Republikanische Partei eingetreten ist, gibt sich desillusioniert. „Ich war immer stolzer Republikaner. Doch einen Kandidaten, der menschliches Leben an sich und Frauen im Besonderen so wenig achtet, kann ich unmöglich unterstützen", erklärt er in einem Facebook-Video, während er eine frische Ladung Menschenseelen ins Fegefeuer wirft. Der Beitrag wurde inzwischen von prominenten Satan-Fans wie Marilyn Manson, Manfred Ainedter und Hillary Clinton geteilt.

Politexperte Peter Filzmaier vermutet jedoch, dass Satan Donald Trump nur deshalb verhindern will, weil er in ihm Konkurrenz sieht: „Satan hat Tausende Jahre gebraucht, um die Hölle zu dem zu machen, was sie jetzt ist. Trump wird die USA, vielleicht sogar die ganze Welt innerhalb weniger Stunden in ein Fegefeuer verwandeln."

Ganz abwenden will Satan sich aber nicht von der Politik: „In den USA gehe ich erst einmal auf Tauchstation, ich werde aber weiterhin in Syrien im Parlament sitzen und auch meinen Vorstandsposten bei der Raiffeisen behalten."

Auch andere Höllenbewohner wie Adolf Hitler, Jörg Haider oder Mutter Teresa haben Trump ihre Unterstützung bereits entzogen. Trump hatte zuvor gefordert, nur Mexikaner in die Hölle zu schicken. „Was für ein ekelhafter Rassist!", meint Hitler dazu gegenüber der **TAGESPRESSE**.

 34 457 Leser   8601 Likes

Manfred K.
Dieser Satan ist auch nur ein linxlinker Gutmensch!!1!1

Gerald K.
Dafür springen HC Strache und Konsorten jetzt in die Bresche.

11.10.2016

Foto: Georg Hochmuth/picturedesk.com, Montage

„Samsung Galaxy Note 7 ist o. k.“: FPÖ doch für Gratis-Handys für Flüchtlinge

Jetzt also doch! Eigentlich hat sich die FPÖ noch nie für Flüchtlinge eingesetzt – bis heute: Denn Parteichef HC Strache fordert jetzt kostenlose Samsung Galaxy Note 7 für alle Asylwerber. Die Caritas, Amnesty International sowie die Grünen begrüßen die Forderung als „Geste der Menschlichkeit“.

Auf die Idee brachte Strache ein Testbericht, den er über das Smartphone gelesen hatte. „Diese großartigen Geräte können alles, was ein Handy für Flüchtlinge können muss“, meint er, während er eines der Geräte mit Handschuhen, Stahlhelm und Schutzweste vor Journalisten präsentiert.

iPhone unzumutbar

Die FPÖ sprach sich geschlossen gegen iPhones für Flüchtlinge aus. „Das wurde von den Medien aber verzerrt dargestellt. Wir sind nur deshalb dagegen, weil das iPhone ohne Klinkenanschluss unzumutbar ist. Wir wollen so viele Anschlüsse wie möglich“, so Strache.

Kickl überreicht erstes Handy

„Ich freue mich auf mein Gratis-Handy", sagt Flüchtling Amir
S. (21), während ihm Herbert Kickl ein Galaxy Note 7 überreicht.
„Wenn du es einschaltest, wirst du platzen vor Freude", erklärt
ihm Kickl grinsend. „Ich finde es toll, dass junge Menschen
wie du so Feuer und Flamme für neue Technologien sind." Als
Klingelton hat die FPÖ auf allen Geräten „Dynamite" von Taio
Cruz eingestellt.

Hektischer Aufbruch

Als der erste Flüchtling sein neues Handy aufladen will, verlassen Kickl und Strache das Flüchtlingsheim in Wien-Simmering
fluchtartig. „Wir haben leider noch einen Anschlusstermin. Aber
wir wünschen euch noch eine Bombenstimmung mit den neuen
Handys", sagt Strache, während er hektisch die Tür hinter sich
schließt.

 59 714 Leser   9730 Likes

> **Evy E.**
> HOFFENTLICH REGEN SICH DIE
> FBÖ-WEHLER NICHT AUF,,, WENN SIE
> ""KEINES "" BEKOMMEN!!!1!!!elf!!!!

> **Daniel P.**
> So 1 gutmensch vong <3 her

Inhalt

INTERNATIONAL

WIRTSCHAFT

CHRONIK

LEBEN